Doris Wagner | Christoph Schönborn

Schuld und Verantwortung

Doris Wagner | Christoph Schönborn

Schuld
und Verantwortung

Ein Gespräch über Macht
und Missbrauch in der Kirche

HERDER

FREIBURG · BASEL · WIEN

Satz: Daniel Förster, Belgern
Herstellung: GGP Media GmbH, Pößneck

Printed in Germany

ISBN Print 978-3-451-39526-0
ISBN E-Book 978-3-451-81890-5

Inhalt

Vorwort

An einem trüben, nasskalten Vormittag im Dezember 2018 klingelt in meinem Büro im Bayerischen Rundfunk (BR) das Telefon. Eine freundliche Stimme mit einer unüberhörbaren österreichischen Klangfarbe meldet sich und fragt: »Störe ich?« Die lange Nummer auf dem Display des Telefons zeigt an, dass der Anruf aus Österreich stammt. Seinen Namen nennt der Mann am anderen Ende der Leitung zunächst nicht. Ich sage etwas überrascht: »Nein. Nein, Sie stören nicht!« Dann erst gibt sich der freundliche Anrufer zu erkennen: »Hier ist Schönborn.«

Ich kann es zunächst nicht glauben: Eine der bedeutendsten Persönlichkeiten der katholischen Kirche, Kardinal Christoph Schönborn, ruft mich an, um über ein Filmprojekt für das BR Fernsehen zu sprechen. Das Gespräch dauert mehrere Minuten. Am Ende vereinbaren wir absolute Vertraulichkeit. Niemand soll von den Planungen erfahren. Lediglich eine einzige Person, eine ehemalige Ordensfrau ist von Anfang an voll im Bilde: Doris Wagner.

In zwei Büchern und in verschiedenen Interviews berichtet Doris Wagner, wie sie als Angehörige eines Ordens sexuell und spirituell missbraucht wurde. Aus diesem Grund rufe ich Doris Wagner bereits im November 2018 an. Ich freue mich, dass sie sich so viel Zeit für mich nimmt. Am Ende unseres langen Telefonates berichtet sie mir, dass sie in Kontakt mit Kardinal Schönborn steht. Er kennt und schätzt ihre Bücher. Er sei sogar bereit, sich mit ihr öffentlich zu treffen.

So entsteht am Telefon die Idee für dieses außergewöhnliche Projekt: Ein hoher Würdenträger der katholischen Kirche trifft sich mit einem Missbrauchsopfer. Aber nicht auf einer öffentlichen Bühne, sondern an einem vertraulichen Ort ohne Publikum. Mit im Raum sind lediglich der Stab des Bayerischen Rundfunks und die Fernsehkameras, die das Gespräch aufzeichnen. Einen Moderator, der Fragen stellt, wird es nicht geben. Der Kardinal und die ehemalige Ordensfrau sollen frei und ohne Einschränkungen ihre Gedanken austauschen; so, als säßen sie alleine in einem Raum. So etwas hat es noch nie zuvor gegeben! Nach dem Anruf von Kardinal Schönborn in meiner Redaktion im Bayerischen Rundfunk wird aus der Idee ein Projekt, das im Laufe der nun folgenden Wochen immer konkretere Züge annimmt.

Dabei ist von Anfang an für alle Beteiligten klar: Das Projekt ist ein Riesenwagnis. Ich stelle mir viele Fragen: Wie wird sich das Gespräch entwickeln? Konstruktiv, konfrontativ, inhaltsleer? Niemand kann diese Frage im Vorfeld beantworten. Wird ein Gesprächspartner vorher noch absagen? Gibt es am Ende nur Verlierer, die sich in einer dann merkwürdig anmutenden Szenerie sprachlos oder mit vielen Worten nichtssagend gegenübersitzen? Diese Gedanken gehen mir immer wieder durch den Kopf. Schnell treffen die zuständigen Redakteure Astrid Harms und Stephan Keicher eine Entscheidung: Wir gehen das Wagnis ein. Wir tragen das Risiko eines Scheiterns gemeinsam.

Der Film soll vor der sogenannten Missbrauchskonferenz in Rom gesendet werden. Zunächst muss ein passender Raum gefunden werden. Die beiden Gesprächspartner sollen sich auf neutralem Boden treffen. Wir einigen uns auf das Rundfunkgebäude des BR in München. Endlich steht ein Termin fest, der allen Beteiligten passt: Am Samstag, dem 2. Februar 2019 hole ich Doris Wagner und Kardinal Schönborn um 9.00 morgens in ihrem Münchner Hotel ab.

Die beiden so unterschiedlichen Menschen haben sich nie zuvor persönlich kennengelernt. Auf dem Weg in das große, mit Holz vertäfelte und an eine Konzerthalle erinnernde Hörfunkstudio des Bayerischen Rundfunks wechseln wir wenige, höfliche Worte. Im Studio steht Kaffee bereit. Die großen Scheinwerfer sind an. Kameras stehen bereit.

Die Maskenbildnerin kümmert sich um die beiden Gäste. In einem Nebenraum im Münchner Rundfunkhaus bekräftige ich noch einmal die am Telefon vereinbarten »Spielregeln«: Jedes Wort wird aufgezeichnet. Aber am Ende können beide Gesprächspartner selbst entscheiden, was gesendet wird oder nicht. Der Kardinal und die ehemalige Ordensfrau sollen sich sicher fühlen. Sie brauchen nicht wie bei einer Podiumsdiskussion mit Publikum jedes Wort auf die Goldwaage legen, bevor sie es aussprechen.

Dann geht es los. Die Kameras laufen. Jetzt liegt alles in den Händen der beiden Gesprächspartner. Der Kardinal und die ehemalige Ordensfrau sitzen sich im Scheinwerferlicht gegenüber. Im großen Hörfunkstudio ist es mucksmäuschenstill. Doris Wagner beginnt mit einem Dank, dass der Wiener Erzbischof für dieses Gespräch nach München gekommen sei. Sofort ist für alle Beteiligten spürbar, dass sich hier zwei Menschen auf Augenhöhe gegenübersitzen, die sich gegenseitig schätzen uns respektieren. Von Pausen unterbrochen zeichnen die Kameras drei lange, unendlich intensive wie auch emotional anrührende Gesprächsrunden auf.

Am Nachmittag, als alles vorbei ist und allen Beteiligten die Erschöpfung anzusehen ist, stelle ich die vorher vereinbarte Frage: »Bestehen irgendwelche Einwände gegen eine Passage der Aufzeichnung?« Kardinal Schönborn und Doris Wagner erklären sofort und unumwunden: Das gesamte Material könne für die 45-minütige Dokumentation des BR Fernsehens mit dem Titel »Missbrauch in der katholischen Kirche« verwendet werden.

Nur vier Tage später wird der Film gesendet. Die Dokumentation schlägt enorme Wellen. Zunächst in Österreich und dann in der gesamten katholischen Welt. Die Deutsche Welle wiederholt den Film in verschiedenen Sprachen. Doch in der Dokumentation kann nur ein kleiner Teil des hochspannenden Materials gezeigt werden.

Umso dankbarer bin ich als Autor der TV-Dokumentation, dass der Herder-Verlag nunmehr in einer weiteren großartigen Kooperation mit Doris Wagner und

Kardinal Christoph Schönborn aus der Fülle des unendlich spannenden Materials ein faszinierendes Gesprächsbuch entwickelt hat, das diese außergewöhnliche Begegnung dokumentiert. Ich wünsche diesem Buch, dass es – wie schon der Film – die Menschen berührt und vor allem zum Nachdenken anregt.

Stefan Meining,
Bayerischer Rundfunk

»Schaut doch hin, seid doch ehrlich!«

Die beiden Gesprächspartner Doris Wagner und Kardinal Christoph Schönborn OP haben in einem Studio des Bayerischen Rundfunks in München Platz genommen. Das Gespräch soll in Teilen in einer TV-Dokumentation im BR veröffentlicht werden. Später wird die Ausstrahlung für viel Aufsehen sorgen, wird Diskussionen entfachen und vor allem sehr positive Kritik ernten, sogar der Österreichische Film- und Fernsehpreis ROMY wird dafür verliehen. Das Gespräch im Studio geht aber weit über das hinaus, was später ausgestrahlt wird, berührt nicht nur das Problem des Missbrauchs in der Kirche, sondern stellt grundsätzliche Fragen nach Macht und Verantwortung, nach der Struktur von Kirche und möglichen Perspektiven für die Zukunft. Die beiden Gesprächspartner erzählen zudem von persönlichen Erfahrungen und Überzeugungen, in einer großen Offenheit und Ehrlichkeit.

Sie beginnen das Gespräch mit einer Schilderung, wie dieser Dialog überhaupt zustande kam. Bevor sie sich trafen, hatten sie bereits dreimal miteinander telefoniert, zweimal nur kurz, einmal sehr ausführlich und lang. Doch noch nie waren sich beide persönlich in solch einer Konstellation begegnet. Das Gespräch beginnt.

Kardinal Christoph Schönborn OP: Ich bin sehr dankbar, dass wir heute miteinander reden können über das, was Sie erlebt haben und über das, was ich erlebt habe. Ich freue mich, mit Ihnen darüber zu sprechen, wie wir die gegenwärtige Situation in der Kirche, aber auch in der Gesellschaft sehen im Hinblick auf das große Thema missbräuchliches Verhalten. Zugleich bin ich gespannt auf weiterführende Fragen, auf Zukunftsperspektiven: Was gibt Hoffnung? Was ist zu tun? Was ist zu lassen?

Doris Wagner: Ich möchte Ihnen eingehend sagen: Ich finde eigentlich gar keine Worte dafür, wie dankbar ich Ihnen bin und welchen Respekt es mir abnötigt, dass Sie zu diesem Gespräch bereit sind. Seit 2008, seit über zehn Jahren also, habe ich immer wieder versucht, mit Verantwortlichen in der Kirche in ein Gespräch zu kommen, ihnen zu erzählen, was mir passiert ist; mit ihnen zu überlegen, was das bedeutet; angemessene Reaktionen von ihnen zu erhalten, auf das, was mir passiert ist und anderen passiert, was in der Kirche los ist. Und ich habe immer erlebt, dass niemand wirklich mit mir sprechen wollte. Es gibt Leute in der Kirche, die mit mir gesprochen haben, die mir zugehört haben, die sich auf meine Gedanken, meine Perspektive eingelassen haben. Aber es waren nie Menschen, die Verantwortung in der Kirche tragen. Und Sie sind ein Kardinal, Sie tragen Verantwortung in der Kirche, und Sie trauen sich, dieses Gespräch zu führen.

Was steckt aber hinter diesen Weigerungen, mit mir zu sprechen? Ich haben das Gefühl, dass viele Menschen in der Kirche, gerade Personen in Verantwortungspositionen, Angst haben vor Opfern. Als ob jemand, dem in der Kirche etwas Schlimmes passiert ist, als ob der ein Feind der Kirche wäre, als ob der die Kirche angriffe. Doch wir sind keine Feinde! Sondern wir sind Menschen, die eine Realität in der Kirche gesehen haben, am eigenen Leib schmerzlich erlebt haben, und die einfach das berichten wollen, was da los ist: um Lösungen zu finden, damit das nicht weiter passiert. Und das ist gerade nicht gegen die Kirche, sondern es geht eigentlich darum, dass es der Kirche am Ende besser geht, dass es vor allem den Menschen in der Kirche am Ende besser geht – und da ziehen wir eigentlich an einem Strang.

Christoph Schönborn: Das sehe ich auch so. Als Frau Professor Dr. Myriam Wijlens (Kirchenrechtsprofessorin aus Erfurt, Anm. d. Lektors) vor etwas mehr als vier Jahren bei mir war und mir zum ersten Mal von Ihrer Geschichte erzählt hat, habe ich diese ganz ernst genommen, weil ich ja in Wien selber in ganz dramatischer Weise das Phänomen Missbrauch in der Kirche erlebt habe, im Drama um meinen Vorgänger. (Der Wiener Kardinal Hans Hermann Groër trat nach Missbrauchsvorwürfen von seinem Amt 1995 zurück. Im Zuge der Affäre wurde ein Kirchenvolksbegehren in Österreich gestartet, das breite Zustimmung fand. Kardinal Schönborn und andere österreichische Bischöfe bestätigten 1998, dass die Vorwürfe im Wesentlichen zuträfen, Anm. d. Lektors).

Ich habe Missbrauchsopfer persönlich begleitet und wirklich viel erfahren darüber, was Missbrauch vor allem durch Priester, aber auch im kirchlichen Umfeld für nachhaltige Verletzungen, Verstörungen und Zerstörungen anrichten kann. Ihre Geschichte habe ich von Anfang an geglaubt. Doch ich gebe zu, ich habe etwas gezögert, Ihr erstes Buch zu lesen. Ich hatte es drei Jahre lang auf dem Tisch liegen. Als ich im Oktober 2018 Ihren dritten Brief an Papst Franziskus gelesen habe, der mich sehr bewegt hat, und nachdem ich mich dann massiv in Rom dafür engagiert habe, dass es endlich weitergeht in dieser Angelegenheit, erst da habe ich Ihr Buch gelesen. Ich muss sagen, ich war sehr beeindruckt, weil Sie erstens ein ausgesprochenes Talent zum Schreiben haben – und ich hoffe, es wird in Zukunft noch mehr Bücher von Ihnen geben. Und ich war zweitens beeindruckt, weil in Ihrem Buch keine Spur von Hass oder von Aggressivität ist. Da ist sehr viel Ernst und auch Trauer, manchmal sogar eine Note der Ironie, die sehr gut tut. Bei alldem habe ich gespürt, dass es Ihnen um die Kirche und vor allem um die Menschen in der Kirche geht. Sie plädieren in diesem Buch dafür zu sagen: Schaut doch hin, seid doch ehrlich! Auch Ihr neuestes Buch hat mich sehr beeindruckt, weil Sie da schon in Richtung Therapie gehen und fragen: Was ist notwendig, damit so etwas nicht wieder geschieht? Sicher, es wird immer Fehlverhalten geben. Wo Menschen sind, gibt es Fehlverhalten. Aber es gibt Strukturen und Systeme, die Missbrauch begünstigen. Und wir müssen einsehen, dass das dem Evangelium einfach nicht entspricht. Durch Ihre beiden Bücher und durch viele, viele Vorträge und Interviews haben Sie einen Dienst geleistet. Und ich glaube, unser Gespräch, das öffentlich gemacht wird, ist auch ein Dienst. Ich sehe das als heilsam an. Schmerzhaft, aber heilsam.

KIRCHE
ALS HEIMAT

Intellektuell und frei im Dominikanerorden

Doris Wagner: Nachdem ich mein erstes Buch geschrieben hatte, war es mein ganz großes Anliegen, Leuten auch verständlich zu machen, wie schön Glauben und das Leben in Kirche auch sein können oder – auch wenn das für viele Menschen heute oder Menschen in meinem Alter gar nicht mehr so unbedingt nachvollziehbar sein mag – wie einen Glauben auch tragen kann; wie viel Geborgenheit Religion vermitteln kann, und dass das nicht alles schlecht oder alles absurd ist. Was ich nie erzählt habe und auch jetzt kaum thematisiere: Ich stamme aus einer armen Familie. Ich habe sechs Geschwister, zwei von ihnen sind behindert. Mein Vater hat als Dreher versucht, diese neunköpfige Familie als Alleinverdiener zu ernähren. Und was meine Eltern damals getragen hat, das war der Glaube. Das Gefühl, es ist zwar so hart, aber es ist jemand da, der uns beschützt, auch wenn es hart auf hart kommt, auch wenn das alles ganz schwer sein mag, Gott ist immer noch da. Abends am Tisch zu sitzen und Psalmen beten zu können, wo man auch die Not rauslassen kann oder auch fragen: Mein Gott, wo bist du? Oder auch die Hoffnung, dass Gott am Ende noch da ist – das alles hat ihn so getragen und hat mich als Jugendliche wahnsinnig geprägt. Ich war dann neunzehn, als ich in den Orden eingetreten bin …

Christoph Schönborn: … ich war achtzehn …

Doris Wagner: Ja, das haben wir gemeinsam. Im Orden hat es für mich dann auch so viel Schönes und Tragendes gegeben: das Stundengebet zum Beispiel und natürlich das Gemeinschaftsleben. Dieses Schöne, sei es das Schöne am Ordensleben, sei es das Schöne in der Kirche, das möchte ich auch erhalten und schützen helfen, eben weil ich erlebt habe, dass das Menschen trägt und dass mich das getragen hat.

Ich habe als junge Ordensfrau einerseits dieses ganz große Glück erlebt, aber andererseits von Anfang an kleine Gesten der Demütigung, wo mir Grenzen gesetzt worden sind, empfindliche Grenzen, die ich nicht verstehen konnte. Ich konnte nicht wirklich verstehen, weshalb ich nur die niedrigsten Dienste tun musste, keine Bücher lesen, sondern Kartoffeln schälen sollte; weshalb ich nicht über Persönliches reden durfte, keinen Kontakt zu meinen Eltern haben sollte. Und so konnte es eben so weit kommen, wie es in meinem Fall gekommen ist: Mein erster Impuls, als ich vergewaltigt* worden bin, mein erster Impuls damals war: Das kann ich niemals irgendjemandem erzählen und das darf niemand jemals erfahren, denn sonst würden Menschen an der Kirche zweifeln. Ich hatte als Opfer diesen Impuls und ich glaube, dass viele Opfer diesen Impuls haben, den dann auch Verantwortliche haben, wenn man denen davon erzählt, diesen Impuls: Das Wichtigste ist, dass der Kirche nichts passiert.

Dahinter steckt etwas Grundlegendes: Kirche ist für die Menschen Heimat. Und niemand möchte seine Heimat verlieren. Ich habe erst 2010, als damals Pater Klaus Mertes wegen der Missbrauchsfälle im Canisius-Kolleg in Berlin an die Öffentlichkeit gegangen ist, verstanden: Es lohnt sich nicht, eine Heimat zu erhalten, in der Menschen leiden. Das ist ja ein Zuhause, in dem ich gedemütigt und vergewaltigt werde – und solch ein Zuhause zu erhalten, lohnt sich nicht. Ich glaube, das ist das, worum es jetzt geht und worum es auch in unserem Gespräch gehen wird: Man kann die

---

* siehe »Editorischen Hinweis« auf S.121

Heimat Kirche oder die Heimat Glaube nur schützen, wenn man das, was da Schlimmes passiert, das, was Menschen an Leid angetan wird, aus dieser Heimat verbannt. Da führt kein Weg dran vorbei.

Christoph Schönborn: Ich bin 1963 in einen alten Orden eingetreten und nicht in eine neue Gemeinschaft. Die meisten neuen Gemeinschaften entstanden ja erst nach dem Konzil. Mit elf Jahren kam der Gedanke in mir auf, Priester zu werden. Wir hatten einen guten Religionslehrer, der mich sehr beeindruckt hat, ein Priester. Wir lebten in meinem Elternhaus ebenfalls sehr bescheiden, es war die Nachkriegszeit, wir waren Flüchtlinge und lebten nicht mehr das Schlossleben, das meine Eltern noch gekannt hatten (Die Familie Schönborn wurde 1945 aus dem Familienschloss Skalka in der Tschechischen Republik vertrieben, Anm. d. Lektors). Aber es war kein religiöses Elternhaus. Es war nicht kirchenfeindlich, aber ich kann mich nicht erinnern, meinen Vater außer bei meiner Priesterweihe jemals in der Kirche gesehen zu haben. Er war Künstler, hatte Schreckliches im Krieg erlebt, war desertiert aus Überzeugung, ist zu den Engländern übergelaufen und dann später Freimaurer geworden. Ja, mein Vater hat einen ganz anderen Weg eingeschlagen. Aber er war ein faszinierender Künstler (Maler, Anm. d. Lektors). Meine Eltern haben sich getrennt, als ich dreizehn war. Das war ein einschneidendes Erlebnis. Ich hatte allerdings bereits mit elf Jahren die Kirche als meine Heimat entdeckt und ich kann mich noch erinnern, wie ich meiner Mutter während der Zeit der Scheidung gesagt habe: »Mein Zuhause ist die Pfarre.« Das war schon ein bisschen Protest, Pubertät. Für mich war die Kirche eine starke Heimat. Und das ist sie im Grunde bis heute geblieben. Ich verdanke der Kirche unendlich viel, das heißt der Kirche mit ihren Menschen und Wirklichkeiten. Und ich verdanke meinem Orden sehr viel. Ich bin damals in einen alten Orden eingetreten – und zwar in einen intellektuellen Orden …

Doris Wagner: Dann hat Ihr Alltag wahrscheinlich ganz anders ausgesehen als meiner damals …

Christoph Schönborn: Das glaube ich auch. Sie erzählen von Leseverboten – bei uns hat es Lesepflicht gegeben! Wir mussten möglichst viel lesen: natürlich Thomas von Aquin, den großen Denker. Aber auch mit der Philosophie und mit der zeitgenössischen Theologie haben wir uns intensiv auseinandergesetzt. Das gehört sozusagen zur Substanz des Ordens. Geschätzt habe ich auch die gemeinsame Lebensform – das war für mich schon klar, als ich mit achtzehn nach der Matura eingetreten bin: Ich wollte in eine Gemeinschaft. Was ich dann in dieser Gemeinschaft erlebt habe, war überhaupt nicht Unterdrückung oder Zwang, sondern eher das Gegenteil. Es kam die Revolution, die 1964 begann. Die Krise, die sich beim Zweiten Vatikanischen Konzil schon abgezeichnet hatte, ist massiv in den Orden eingedrungen: als theologische Krise – alles wurde in Frage gestellt – und dann als Krise der Berufungen. Wir waren damals achtzehn Novizen und durchliefen ein »klassisches« Noviziat: Alles war lateinisch, unendlich viele Gebete, streng von der äußeren Form her – aber ich hatte nie das Gefühl, dass ich von meinen Oberen beobachtet werde oder dass man meine Briefe kontrolliert. Ich kann heute sagen, dass ich in einen freiheitsliebenden Orden eingetreten bin und Selbstbestimmung ein starkes Moment meiner Erfahrung im Orden war.

Doris Wagner: Wie ist in Ihrem Orden mit Menschen umgegangen worden, die den Orden verlassen haben?

Christoph Schönborn: Erstaunlich unkompliziert. Ich habe mit einigen Mitbrüdern, die ausgetreten sind, geheiratet haben, auch nach ihrer Priesterweihe, bis heute Kontakt. Das, was Sie beschreiben, habe ich, Gott sei Dank, im Dominikanerorden nicht erlebt. Ich glaube, Selbstverantwortung und die Freiheit des Denkens sind in die DNA unseres Ordens eingeschrieben. Deshalb war es auch möglich, Freundschaften zu leben.

Doris Wagner: Sie mussten also nicht regelmäßige Berichte für Ihre Oberen schreiben und Rechenschaft ablegen?

Kardinal Schönborn: Überhaupt nicht.

Doris Wagner: Wurde Ihnen der Beichtvater vorgeschrieben?

Kardinal Schönborn: Überhaupt nicht. Ich habe eine ganz wichtige Erfahrung gemacht, an die ich beim Lesen Ihres Buches über spirituellen Missbrauch sehr denken musste: Ich durfte ab 1968 in Paris in unserem Studienhaus wohnen und studieren, dort lebte damals der berühmte Pater und spätere Kardinal und Konzilstheologe Yves Congar. Ich hatte einen alten Mitbruder,

der ein großer Thomas-Kenner war und der mit der Lebendigkeit des Denkens und der Intuition des Thomas von Aquin vertraut war. Diesen Mitbruder habe ich gefragt, ob ich bei ihm in geistlicher Begleitung sein könne. Er hat mir etwas Entscheidendes gesagt: »Ich bin bereit, Sie geistlich zu begleiten, unter einer Bedingung: Sie können jederzeit aufhören mit dieser Begleitung und Sie brauchen mir mit keinem Wort zu sagen, warum. Sie gehen einfach weg. Sie kommen einfach nicht wieder. Diese Freiheit ist für mich die Voraussetzung für die geistliche Begleitung.« Und dann hat er gesagt: »Aber wenn Sie bei mir in geistlicher Begleitung sein wollen, dann kommen Sie jede Woche.« Und so bin ich vier Jahre lang jede Woche bei ihm gewesen und habe unglaublich viel gelernt. Das war ein Mensch von einer ganz großen inneren Freiheit und viel Lebenserfahrung. Da war kein Paternalismus, sondern ein tiefer Respekt vor der Freiheit des anderen. Genau so stelle ich mir geistliche Begleitung vor.

Ja, so habe ich den Orden erlebt und erlebe ihn bis heute. Trotzdem hat mich die Krise dann persönlich in große Spannungen gebracht.

Doris Wagner: Was war das für eine Krise? Wie hat sich die ausgedrückt?

Christoph Schönborn: Das erste war, dass die Fundamente meines jugendlichen Glaubens total zu wackeln begonnen haben, zum Teil eingestürzt sind. Dazu geführt hat die damals noch sehr unkritisch verwendete historisch-kritische Exegese. Später habe ich dann in meinem eigenen Theologiestudium und als Theologieprofessor selber gemerkt: Moment, kritischer müssten mir die Historisch-Kritischen sein, wie es Karl Barth ausgedrückt hat. Aber zunächst war das ein Schock: Es ist ja doch nicht alles wahr, was da in der Bibel steht!

Das war eine große Erschütterung. Die zweite Erschütterung war ein Seminar über das Gebet, da war ich vielleicht zwanzig. Dort wurde uns von einem Fundamentaltheologen erklärt, dass das Gebet nicht Gott verändern könne, deshalb brauche man es eigentlich auch nicht. Es sei ja eigentlich unsinnig, für gutes Wetter zu beten, während auf der anderen Seite andere für Regen beteten. Die praktische Folge davon war, dass ich einfach ein Jahr aufgehört habe zu beten und eine gute Ausrede hatte, in der Früh länger zu schlafen. Damals war es so locker bei uns, dass kein Studentenmagister kam und an die Tür klopfte. Ich bin also einfach nicht ins Chorgebet und in die Messe gegangen und nach einem Jahr… da sind dann doch die Dinge etwas grau geworden …

Es gab aber noch weitere einschneidende Erlebnisse. Das erste war die Entdeckung der sozialen Not. Eines Tages stand ein Tippelbruder, wie man in Deutschland sagt, ein Sandler, sagen wir in Österreich, ein Obdachloser also, vor der Tür des Klosters. In meinem jugendlichen Eifer habe ich zusammen mit einem anderen Mitbruder beschlossen: Dem muss man helfen. Wir haben dann durchgesetzt – gegen großen Widerstand der Oberen –, dass der Mann in der klostereigenen Landwirtschaft, im Knechtzimmer über dem Schweinestall wohnen durfte. Wir haben ihn versorgt und uns um ihn gekümmert. Dabei haben wir die Geschichte dieses Mannes erfahren: Er hatte einen Top-Job in Bonn, dann kamen Alkoholprobleme, Eheprobleme, die Scheidung, der Jobverlust und so ging es Stufe für Stufe hinunter, irgendwann war er Tellerwäscher und schließlich Obdachloser. Dieses Schicksal hat mich unglaublich bewegt.

Als 1966/67 in Deutschland erst Rudi Dutschke und dann Baader-Meinhof die Revolution ausriefen, habe ich das alles intensiv miterlebt. Mein Herz war sehr links. Ich habe zwar nicht Marx studiert, ich habe Kant gelesen, war also etwas frömmer. Aber ich habe zum Beispiel in einem Projekt mit Alkoholikern arbeiten dürfen. Da hat mich Jesus wieder auf seine Spur gebracht.

Doris Wagner: Aber was hat das für Sie mit dem Glauben oder mit dem Ordensleben zu tun gehabt? Manche Leute würden sagen, dieses soziale Engagement und diese linken Überzeugungen widersprechen dem religiösen Glauben und dem Ordensleben.

Christoph Schönborn: Das fanden viele! Viele Mitbrüder, ältere und jüngere, sagten, wir sollten lieber austreten und Sozialarbeit machen. Ich habe aber gespürt, dass der Kontakt mit Menschen in sozialer Not das Evangelium ist. Wir mussten wahnsinnig kämpfen in unserem großen Studienkloster, dass wir die Erlaubnis bekamen, einen Tag in der Woche nach Köln zur Sozialarbeit zu fahren. Das war revolutionär – und ein paar Jahre später wurde es zur Pflicht.

Das zweite einschneidende Erlebnis war die Osterwoche 1967, da war ich zweiundzwanzig Jahre alt. Ich war eingeladen zu einer Exerzitienwoche mit dem berühmten Religionspädagogen Albert Höfer. In dieser Woche habe ich ein ganz starkes Erlebnis gehabt und gespürt, dass Jesus mich wieder ruft. Wir haben uns in dieser Woche intensiv mit dem Emmaus-Evangelium beschäftigt, mit den beiden Jüngern, die mit Jesus gehen, enttäuscht von dem, was alles passiert war – und das war auch meine Situation: enttäuscht, in der

Krise. So wie die Emmaus-Jünger Jesus begegnet sind und ihn erkannt haben, wie sie ihn eingeladen haben, so hatte ich eine tiefe Erfahrung, dass er da ist.

Und dann gab es etwas drittes Entscheidendes: Freundschaft. Ich durfte im Orden Freundschaft erfahren, besonders zu einem Mitbruder, wir waren ein kleiner Freundeskreis. Solche Freundschaft ist einfach ein Geschenk. Gott sei Dank war damals die Angst vor Freundschaften in der Gemeinschaft nicht mehr vorhanden. Früher im Noviziat durften wir keine sogenannten »Zellenbesuche« machen, man durfte sich also nicht beim anderen im Zimmer aufhalten, sondern man musste sich an einem neutralen Ort treffen – wir haben uns aber ehrlich gesagt nicht immer daran gehalten.

Der Dominikanerorden hat diese Tradition: Für Thomas von Aquin – und den durften wir ja studieren – ist die Liebe Freundschaft. Ich habe einen Schulfreund, mit dem ich acht Jahre auf derselben Schulbank gesessen bin, und Freundschaften noch aus meinen Anfängen im Orden. Später entwickelte sich auch eine Freundschaft mit einer Dominikanerin, bis heute sind wir ganz fest befreundet, inzwischen über fünfundvierzig Jahre. Das waren und sind tragende Freundschaften im Leben.

Warum also bin ich damals nicht ausgetreten wie viele andere? Ich muss ehrlich sagen, es ist nicht mein Verdienst. Nicht weil ich besonders fromm war. Ich habe einmal zu Diego Götz, einem berühmten Dominikaner und bekannten Prediger, gesagt, als wieder ein Mitbruder ausgetreten ist: »Pater Diego, manchmal frage ich mich: Bin ich nicht gegangen, weil ich einfach Angst hatte oder weil ich nicht einem Menschen begegnet bin, dessen Freundschaft mich auf einen anderen Weg geführt hätte?« Und Diego Götz hat mir gesagt: »Gesegnet seien deine Ängste, die dich im Orden behalten haben.« Ich glaube nicht, dass es Ängstlichkeit war, es war letztlich ein Geschenk.

Späte Erkenntnis: Was mich zerstört, kommt nicht von Gott

Doris Wagner: Ich würde ganz gerne erzählen, wie das für mich war, weil ich glaube, dass wir uns eigentlich ganz ähnlich sind darin, dieser Weg des im Glauben Beheimatet-Seins, darin, sich auf das Ordensleben einzulassen und verschiedene Erfahrungen zu machen, die einen auf einen bestimmten Weg führen. Das alles scheint mir bei mir gar nicht so anders als bei Ihnen – es hat mich nur auf einen anderen Weg geführt.

Ich habe auch diese Erschütterungen gekannt, diese Glaubenserschütterungen, und eigentlich würde ich fast sagen, mein Glauben hat damit angefangen oder war immer schon in dieser Atmosphäre: Meine Eltern kommen aus der Generation, die 1968 miterlebt haben, diese Verunsicherungen. Meine Eltern haben daraufhin in sehr, man würde vielleicht sogar sagen fundamentalistischen – sehr evangelikalen, aber dann auch lutherischen Gemeinden zuerst Halt gefunden.

Sie hatten immer schon dieses Gefühl, dass manche Menschen den Glauben nicht wirklich ernst nähmen oder den Glauben irgendwie verrieten und dass man sich vor denen hüten müsse. Historisch-kritische Exegese war für meine Eltern ganz schwierig, weil die das Gefühl hatten, da kommen auf einmal Menschen und erzählen uns, dass das alles gar nicht wirklich stimmen würde, was in der Bibel steht. Und daraufhin haben meine Eltern eben diesen Weg gewählt dieser sehr konservativen, Geborgenheit schenkenden Art des Glaubens. Sie haben nicht die Möglichkeiten gehabt, wie Sie das von sich gerade erzählt haben, einen ausgewogeneren reflektierten Umgang damit zu finden, zu verstehen, dass die historisch-kritische Exegese Sinn hat, dass das aber nicht heißt, dass die Bibel uns überhaupt nichts zu sagen habe. Meine Eltern gingen zu Gruppen, die diesen reflektierten, kritischen Zugang ablehnten. So ist mein ganzer Glaubensweg immer schon in diesem Gefühl gelebt worden: Der Glaube trägt mich, aber es gibt Menschen, die diesen Glauben bedrohen, weil sie ihn nicht wirklich ernst nehmen, weil sie zu liberal sind – oder was auch immer. Deswegen war für mich als Jugendliche auch die katholische Kirche eine ganz große Entdeckung. Als ich fünfzehn war, sind wir konvertiert. Die Entdeckung war die: Da gibt es eine Institution, die verbindlich sagt, was die Lehre der Kirche ist und was richtig ist und was falsch ist. Eine Instanz, die sagen kann, was wahr ist im Glauben und was nicht und was falsch ist und die auch Menschen, die etwas anderes behaupten, verurteilt. Davon war ich völlig fasziniert! Heute sehe ich das anders. Aber damals war ich dieser Überzeugung: Es gibt eine Wahrheit, und es gibt Menschen in der Kirche, die diese eine Wahrheit kennen und die sie mir verbindlich mitteilen können. Und dieser Logik bin ich eigentlich bis zum Schluss treu geblieben. Ich bin eingetreten in meine Gemeinschaft mit der Überzeugung, meine Oberen vertreten für mich die Stelle Gottes. Sie sind von der Kirche beauftragt, in einer Gemeinschaft, die kirchlich anerkannt ist, und Gott hat mich in diese Gemeinschaft berufen. Das heißt: Was auch immer sie von mir verlangen, kommt von ihm und ist damit irgendwie gut, auch wenn ich das erst mal nicht verstehe. Das war ja der Glaube, mit dem ich immer schon gelebt habe – als Kind, als Jugendliche. Als dann meine Mitschwester mir eben diese schrecklichen Kleider gebracht hat, die wir in der Gemeinschaft tragen mussten, war das zwar ganz furchtbar für mich, aber ich habe gedacht: Ja, wenn ich das hier tragen muss, dann muss das für irgendwas gut sein, und dann trage ich das wie ein Brautkleid. Und dass ich keinen Kontakt mit meinen Eltern haben durfte, war ganz schlimm, aber ich habe gedacht: Ja, wenn das so sein muss. Es soll mich innerlich frei machen, viele Menschen werden von ihren Familien getrennt, und vielleicht muss ich diesen Schmerz mit ihnen teilen. Ich habe immer versucht, dem allen irgendwie Sinn zu geben. Und das hat immer funktioniert bis zu dem Moment, als ein Priester in meinem Zimmer gestanden ist und mich ausgezogen hat und mich vergewaltigt hat. Da habe ich gewusst, das ergibt jetzt keinen Sinn mehr, das kann nicht von Gott kommen. Das ist ausgeschlossen. Ich habe alles getan, um das zu verhindern – warum lässt Gott das zu? Was ist da jetzt passiert? Und dann eben dieser allererste Impuls: Das Wichtigste ist, dass das niemand erfährt. Ich habe sogar noch irgendwie versucht, das auch als ein Leiden aufzufassen, das ich tragen muss. Und dass wenigstens mein Schweigen darüber der Kirche irgendwie dient … aber das hat nicht funktioniert, das ist nicht aufgegangen. Und ich habe verstanden, dass irgendetwas fundamental falsch ist, an dieser Logik. Dass an dieser Logik etwas nicht stimmen kann, die sagt: »Es gibt diese eine Wahrheit und es gibt diese eine Kirche, und es gibt meine Oberin, die mir sagen kann, was Gott von mir will, und auch wenn das schwer ist und mir weh tut und ich das nicht verstehe, hat das noch Sinn.«

Ich glaube heute, dass – ich weiß gar nicht mehr, ob ich das als Fügung oder als Eingreifen Gottes deuten will im Nachhinein – wäre ich nicht wenige Monate nach diesem furchtbaren Erlebnis meinem Mann begegnet, ich heute nicht mehr am Leben wäre, weil ich zu dem Punkt gekommen bin, wo ich gedacht habe: Nein, wenn das möglich ist, und wenn diese Logik, die mein Leben bis jetzt getragen hat, wenn die nicht stimmt – oder wenn Gott das wirklich von mir verlangt, also wenn er das zugelassen hat und jetzt von mir verlangt, dass ich darüber schweige, um die Kirche zu schützen – wenn das Gott ist, dann will ich diesem Gott nicht dienen, dann muss ich diesem Gott auch nicht dienen, und das darf auch Gott nicht von mir verlangen. Was ist das für eine Kirche, in der Menschen leiden müssen, um der Kirche zu dienen? Und ich war an dem Punkt, wo ich gedacht habe, ich müsste mich Gott entziehen, und das kann ich nicht, indem ich austrete. Denn wenn Gott mich wirklich so geschaffen hat mit diesem Ziel, dass ich das erleben musste, dann kann ich mich Gott nur entziehen, indem ich mich umbringe, indem ich das, was er geschaffen hat, vernichte: mich. Und ich habe verstanden: Das funktioniert gar nicht! Auch wenn ich gestorben bin, bin ich ja irgendwie noch. Ich kann mich Gott gar nicht entziehen. Und dann habe ich gedacht: Nein, wenn Gott mich geschaffen hat, dann bin ich jemand, ein Mensch, mit dem man so nicht umgehen darf, dann will er das ja auch nicht, und dann gibt es irgendeinen Weg für mich. Und wenn ich nicht in diesem Moment, in dieser Stimmung meinem Mann begegnet wäre, wäre ich heute wohl entweder komplett durchgeknallt oder ich hätte mich tatsächlich umgebracht.

Was Sie beschrieben haben mit Ihrem Exerzitienerlebnis, das war für mich die Begegnung mit meinem Mann. Einem Mitbruder zu begegnen, der mir in die Augen schaut und der mich wirklich sieht, der auch wirklich ein Interesse an mir hat, noch lange bevor irgendetwas in Richtung Liebesbeziehung gegangen ist, einfach zu merken, da ist ein Mensch, der mich sieht. Das hat mir so viel gegeben in dem Moment. Und es hat diesen wunderbaren Moment gegeben … Wir haben uns im Mutterhaus der Gemeinschaft getroffen, in Österreich im Sommer 2008, und wir haben von Anfang an gewusst, ich bin für den Sommer da, er ist für den Sommer da, er wird nach dem Sommer erst nach Ungarn gehen und dann nach München und ich zurück nach Rom, wo mein Täter sitzt. Und ich hatte ihm noch gar nichts erzählt von diesem Übergriff, überhaupt nichts. Wir haben uns einfach nur unterhalten und ich war unglaublich bewegt und irgendwie glücklich, jemanden zu finden, der mir zuhört, mit dem ich reden kann, heimlich – wir durften ja nicht, also wir haben uns dann heimlich Briefe geschrieben.

Und weil eine solche Freundschaft in dieser Gemeinschaft ja verboten war, war die Stimmung zwischen uns auch gleich sehr vertraut, weil wir uns wirklich vertrauen mussten, dass auch keiner den anderen verrät, dass wir miteinander reden. Er hat mir also in den Briefen seinen Weg geschildert und ich habe ihm dann gesagt, ich habe ihm irgendwie sinngemäß geschrieben – wir haben uns immer noch gesiezt: »Lieber Pater Philipp, ich kann Ihnen nicht helfen, ich kann Sie nur lieben.« Und er hat mir dann einen Brief zurück geschrieben, der angefangen hatte mit den Worten: »Ich hatte heute Nacht einen Traum, und im Traum durfte ich Sie in den Armen halten.« Und das war so – da hat mir hat das Herz bis zum Hals geklopft, als ich das gelesen habe. Und danach sind wir uns im Flur begegnet, und wir haben ja nie gewusst, hört irgendjemand mit, kommt irgendjemand gleich um die Ecke, und er hat gesagt: »Ist das in Ordnung, was ich geschrieben habe?« Und ich habe gesagt: »Ja.« Und einer von uns beiden – ich weiß nicht mehr, wer – hat gesagt: »Sollen wir das einmal ausprobieren?« Und dann haben wir uns in der Bibliothek verabredet und uns in den Arm genommen und uns gehalten. Und in diesem Moment habe ich gewusst: Das ist verboten, das verstößt jetzt gegen jede Regel, und ich dürfte das niemals tun. Und ich habe aber auch gewusst, wenn Gott irgendwo ist, dann ist Gott jetzt hier. Wenn das stimmt, dass es einen Weg gibt, den Gott für mich hat, dann ist es das, auch wenn das gegen alle Regeln verstößt, selbst wenn uns das aus der Gemeinschaft führt. Gott ist, wo Menschen leben können, wo Menschen atmen können, wo Liebe ist, da ist Gott – auch wenn es gegen kirchliche Regeln verstößt. Und das war mein Weg, das war mein Weg mit Gott. Gott ist eben gerade nicht da, wo Menschen mich dazu nötigen, etwas zu tun, was ich nicht verstehe und was ich nicht will und was mich quält. Das kann Gott nicht sein, sondern Gott ist da, wo Menschen aufblühen.

Und dann war für mich der Weg ein schmerzlicher Weg. Ich habe noch jahrelang gedacht: Wenn meine Verantwortlichen, wenn Menschen in der Kirche verstehen – also wenn ich versuche, denen begreiflich zu machen, was ich erlebt habe, diese Demütigungen und dieses gegen den eigenen Verstand und gegen die eigenen Gefühle handeln zu müssen, wenn ich es schaffe, denen begreiflich zu machen, dass das nicht gut ist, dass das nicht von Gott kommen kann, das ändert alles. Erst 2011 war ich an einem Punkt angelangt, wo ich verstanden habe: Das werden meine Oberen nie verstehen.

Und zugleich habe ich durch das Theologiestudium begriffen: Es gibt einen rational verantwortbaren

Glauben. Mir wurde immer bewusster, zum Beispiel durch das Studium der Kirchengeschichte, wie viel Dinge, die wir heute für sakrosankt in der Kirche halten, sich letztendlich irgendwelchen menschlichen Dynamiken bis hin zu Intrigen »verdanken«. Das war einerseits ein Schock, aber andererseits auch beruhigend, weil ich gedacht habe: Ja, dann können wir das aber theoretisch auch wieder ändern. Dann kann Kirche auch anders ausschauen. Es wäre möglich, Glauben und Kirche so zu gestalten, dass Menschen damit leben können. Das war ganz, ganz wichtig und befreiend für mich, auch dieses Gottesbild loszuwerden, dieses Kirchenbild loszuwerden, mit dem ich in meiner ehemaligen Gemeinschaft aufgewachsen bin, mit dem ich zum Teil auch als Kind aufgewachsen bin. Aber dabei auch die schmerzhafte Erkenntnis: Es gibt zu wenige Menschen in der Kirche – gerade Menschen, die Verantwortung haben –, die sich darauf einlassen und das verstehen wollen und verstehen können, sodass ich heute fast sagen kann: Ich bin eigentlich nirgendwo mehr in der Kirche wirklich beheimatet. Ich habe kaum einen Ort, wo ich hingehen kann und sagen kann: Hier wird so gebetet und so geglaubt, dass ich mich da wohl fühle, dass ich sagen kann: Ja! Und das ist so schade. Andererseits glaube ich oder fühle ich noch, dass das Gott war, der mich diesen Weg geführt hat. Deshalb glaube ich: Wir beide haben die

Erfahrung gemacht, dass wir im Glauben verunsichert waren, dass wir schmerzhafte Dinge erlebt haben, aber dass wir irgendwo rausgekommen sind oder zu einem Weg geführt worden sind, an dem man sagen kann: Gott entzieht sich menschlichen Logiken, aber wenn Gott irgendwo ist, dann da, wo es Menschen gutgeht, wo Liebe ist, wo Freundschaft ist.

Christoph Schönborn: Ja, das kann ich im Rückblick sagen: Dort, wo Liebe ist, dort ist Gott. *Ubi caritas et amor, Deus ibi est*, so singen wir. Aber wird es auch wirklich ernst genommen, das »Wo Liebe ist, da ist Gott«?

In meiner theologischen Entwicklung habe ich ein intensives Kontrastprogramm erlebt, und ich glaube, mit Kontrastprogrammen zu leben, gehört zu den ganz wichtigen Erfahrungen. Eigentlich wollte ich nie Theologie-Professor werden, sondern in die Seelsorge gehen, aber nachdem ich meine zweite Dissertation fertig hatte, fand man im Orden: »Du bist begabt für die Lehre, also werde Professor«. Ich war in Frankreich in der Theologie ausgebildet worden, die französische Theologie mit ihrer Spiritualität war mein Zuhause, aber auch Thomas von Aquin und die Kirchenväter in ihrer Lebendigkeit. Dann kam ich in die

Schweiz und begegnete einer stark von Hans Küng geprägten, liberalen Theologie, die ich aber in ihrer Liberalität oft als sehr totalitär erlebt habe, es gab wenig Freiheit, man musste so sein. Dabei hatte ich die Synthese der Kirchenväter als etwas sehr Schönes erfahren. Das Wahrnehmen des Glaubens als etwas Schönem, als etwas Kohärentes, war für mich unglaublich wichtig. Der große Theologe Hans Urs von Balthasar, der dieses Thema, die Schönheit des Glaubens, als Lebensmitte hatte, hat mich dann sehr gefördert. Ich kam immer mehr hinein in eine Verteidigungshaltung und zu Fragen wie: Wie weit muss man den lieben Gott verteidigen? Wie weit muss man die Kirche verteidigen? Muss man sagen, die Inquisition war historisch gesehen am Anfang ein Fortschritt, auch wenn das, was daraus geworden ist, überhaupt kein Fortschritt war? Ich bin sehr stark auf Verteidigungsposition gegangen. Das war für mich eine ganz wichtige Arbeit, die sich in meinem Handbuch der Christologie »Gott sandte seinen Sohn. Christologie« (2002) niedergeschlagen hat. Darin habe ich versucht zu zeigen, wie schön dieser Glaube ist. Ich habe dabei das Bild der Symphonie gebraucht. Dank meiner dominikanischen Ausbildung bin ich, so glaube ich, nie in die Gefahr geraten, ein Integrist zu werden, also ein sogenannter Ultrakonservativer, denn das erschien mir viel zu unreflektiert. Ich war die Argumentationsweise des Thomas von Aquin gewohnt: Es gibt die eine Sicht und es gibt die andere Sicht und dann noch eine dritte Sicht, und wenn man sich das genau überlegt und anschaut, dann spricht es eher für die eine Sicht, aber an der anderen Sicht ist auch etwas richtig… So bin ich erzogen worden.

Als ich dann zu Professor Joseph Ratzinger nach Regensburg kam, wo ich einen Großteil meiner zweiten Dissertation schrieb, habe ich einen Meister der Synthese erlebt. Wir waren immer wieder fasziniert, wenn Joseph Ratzinger Kohärenzen aufzeigte. Als er Erzbischof von München wurde und sich der Schülerkreis formierte, war ich trotz meines Studiums in Paris als Adoptiv-Gast dabei. Das erlebte ich später auch in der Zusammenarbeit mit Kardinal Ratzinger in der Glaubenskongregation, als ich Redakteur des Katechismus war. Wenn er eine Diskussion zusammengefasst hat – vorher haben alle geredet und er hat zugehört – dann habe ich mich oft gefragt: Habe ich wirklich so etwas Gescheites gesagt, wie er zusammengefasst hat? Theologisch waren die fünf Jahre Redaktion des Katechismus, mit einem Team unter der sehr offenen Leitung durch Kardinal Ratzinger, meine wichtigste Arbeit. Er hat sozusagen einen Schild darüber gehalten, dass in einem Geist der inneren Freiheit gearbeitet werden konnte. Ich durfte das ganze Werk durchredigieren und hatte es am Schluss so intus, dass ich aus der Erinnerung die Randnotizen schreiben konnte, was an welcher Stelle steht und wie alles zusammenhängt. Das Faszinierende daran war für mich: Der Glaube ist symphonisch. Diese Arbeitsweise ist für mich untrennbar mit der Theologie verbunden, wie Albert der Große, der Lehrer des heiligen Thomas sagt: *In dulcedine societatis quaerere veritatem* – In der Herzlichkeit der Gemeinschaft, der Brüderlichkeit und der Freundschaft die Wahrheit suchen. Selbstverständlich habe ich aber auch Diskussionen, heftige Debatten und Fragen der Glaubensdisziplin und Glaubensmaßregelungen erlebt.

Was mich auch sehr geprägt hat: Als ich junger Professor war, wurde Hans Küng die Missio entzogen und es gab eine riesige Aufregung. Damals hat Joseph Ratzinger als Erzbischof von München eine Predigt gehalten, die mich bis heute beeindruckt. Darin hat er gesagt: Das Lehramt ist, auch wenn es leider nicht immer so gelebt wird, dazu da, dass man sich vor dem Glauben der Kleinen beugt und dass man Ehrfurcht vor dem echten Glauben einfacher Menschen hat. Und ich habe mir immer gesagt: So lange meine Theologie dem dient, bin ich nicht daneben.

Wie bewahrt man den Glauben und was sind die Grenzen?

Doris Wagner: Ich war, wie bereits geschildert, lange Jahre auch davon überzeugt, es müsse doch jemanden geben, der verbindlich sagt, was ist jetzt katholischer Glaube und katholische Lehre und was nicht und wo sind die Grenzen, und wenn es Grenzen gibt, dann muss es auch Konsequenzen geben, wenn jemand die überschreitet. Doch der Weg, den ich in den letzten Jahren gegangen bin, hat mich zu einer ganz anderen Position gebracht. Deshalb ist es mir ganz wichtig, was Sie gesagt haben über den Glauben der kleinen Leute, denn das glaube ich auch. Man darf den Menschen ihren einfachen Glauben nicht kaputt machen. Für meine Eltern, weil die so viel Not in ihrem Leben hatten, war die Sonntagsmesse der eine Punkt im Leben, wo irgendwie heile Welt war, wo Gott da war, wo sie die Kommunion empfangen haben – mit Orgelmusik und dem Priester am Altar. Eine Messe, in der die Pastoralreferentin in der Albe vorne steht und mit den Kindergartenkindern im Kreis um den Altar tanzt – so schön das für viele Menschen ist, das war für meine Eltern ein Angriff auf ihre Gewohnheit, auf ihr Ritual, auf ihre Heimat. Ich würde heute sagen: Es muss beides Platz haben in der Kirche, man muss den Leuten gerecht werden. Aber meine Eltern haben Menschen erlebt, die diese moderneren, liberaleren Feierweisen oder Kirchenbilder verteidigt haben, und dann fast aggressiv meine Eltern bekehren wollten, das auch gut zu finden. Das Vernünftige wäre aber doch zu sagen: Ihr findet das gut, ihr findet jenes gut – das ist beides katholisch. Und einfach dafür zu sorgen, dass Menschen, die *das* brauchen, und Menschen, die *das* brauchen, und Menschen, die *das* brauchen, das jeweils in der Kirche bekommen können, weil es alles zur Kirche dazugehört.

Ich musste aber gerade auch schmunzeln, wie Sie vom Glauben der einfachen Leute gesprochen und erzählt haben, dass Ratzinger diesen einfachen Glauben schützen wollte, gerade auch durch die Verurteilung von Hans Küng. Denn: Es gibt ja in der Kirche nicht nur einfache Leute. Es gibt auch kirchliche Hochbegabtenförderung, und es gibt viele sehr intelligente, hochbegabte, akademisch gebildete Menschen, die nicht gerade Theologie studiert haben, die vielleicht auch nicht unbedingt Geisteswissenschaftler sind, die aber auch einen Glauben wollen, den sie leben können, den sie rational verantworten können, und solche Leute könnten vielleicht durchaus mit Hans Küng etwas anfangen. Es gibt durchaus Menschen, die mit dieser Art von Herangehensweise und vom Blick auf katholische Kirche und katholische Lehre gerade in der Kirche beheimatet werden können. Und wenn man das verurteilt, nimmt man denen das. Deswegen glaube ich nicht, dass diese Art von Verurteilung legitim war oder ist. Also natürlich muss es irgendwo Grenzen dessen geben, was katholisch ist, aber die Frage lautet doch: Wer in der Kirche kann für sich in Anspruch nehmen, dass er das den anderen verbindlich mitteilt? Wäre das nicht eine Erhebung über andere Menschen? Ich habe keine Lösung anzubieten, aber ich glaube, dass man diese Grenzen anders definieren muss, als das bisher geschieht, und dafür haben wir »Instrumentarien« in der Kirche. Wir reden vom *sensus fidelium*, von der Geistesbegabung, von der Gottunmittelbarkeit der Menschen. Und es gibt auch diese Strukturen, die synodalen Strukturen, es gibt Konzilien, es gibt kirchenrechtlich verankerte Werkzeuge, die einen Austausch ermöglichen, in den alle Stimmen mit einfließen und in dem gemeinschaftlich gerungen werden müsste um die entscheidende Frage: Was ist katholisch und was nicht? Wenn es das wirklich ernsthaft gäbe, dann wäre das wahnsinnig spannend. Das wäre ein echter Erkenntnisprozess, in dem sichtbar würde, dass es tatsächlich um den Glauben von Menschen geht, der da entwickelt und geschützt werden soll. Die Grenze würde dann lauten: Du verletzt mit deinen Ansichten andere Menschen, oder du verstößt gegen etwas, worauf wir uns gemeinschaftlich geeinigt haben. Das hätte eine ganz andere Legitimität, als wenn das lediglich die Glaubenskongregation in Rom macht, deren Mitglieder nicht gewählt sind, die sich nicht mit dem wirklich abstimmen, was in den Diözesen stattfindet, die aus meiner Sicht ganz oft den Stand heutiger theologischer Forschung nicht wirklich rezipieren. So würde ich das sehen – aber zugleich halte ich eine solche Entwicklung, eine solche Dynamik in der aktuellen Situation für politisch fast ausgeschlossen.

Christoph Schönborn: Das große Anliegen von Papst Franziskus ist die Synodalität der Kirche. Aber da sind wir Lernende, das stimmt.

Doris Wagner: Könnten Sie denn da etwas nachhelfen? Ich meine, Sie sind ja immerhin auch Mitglied der Glaubenskongregation, und Sie sind Kardinal …

Christoph Schönborn: Ich bin jetzt über zwanzig Jahre lang Mitglied der Glaubenskongregation und war davor durch die Arbeit am Katechismus eng mit der Glaubenskongregation verbunden. Deshalb kann ich aus guter Erfahrung sagen: Die Urteilsfindung – oder sagen wir: die theologische Beurteilung – wird sehr seriös vorbereitet und gehandhabt. Ich kenne nicht viele Einrichtungen, die so gründlich arbeiten, bevor sie zu einem Statement kommen. Man mag in früheren Zeiten schneller zu Urteilen gekommen sein. Aber heute wird sehr behutsam vorgegangen.

WURZELN
DES MISSBRAUCHS
IN DER KIRCHE

Auf das sechste Gebot fixiert

Doris Wagner: Ich habe Ihr Interview im *Stern* gelesen, und dort sagen Sie, Sie seien lange Zeit naiv gewesen und hätten sich gar nicht vorstellen können, dass so etwas in der Kirche passiert. Mir geht das ganz genauso. Ich habe mir bis zu dem Moment, in dem mir das passiert ist, auch nicht vorstellen können, dass es Menschen in der Kirche gibt, die so etwas tun. Also waren wir beide lange Zeit naiv, nur Ihnen ist das auf eine andere Art und Weise zuerst begegnet als mir, denn Sie sind ja selber nicht Opfer geworden …

Christoph Schönborn: … Ich habe als Jugendlicher von einem Priester, den ich sehr geschätzt habe, eine Annäherung erlebt: Er wollte mich auf den Mund küssen! Er hat es nicht aktiv versucht, aber verbal angesprochen. Das war keine total schockierende, aber eine verwirrende Erfahrung – und eine Erinnerung, die mir heute zu denken gibt. Sie fand in den Fünfzigerjahren des letzten Jahrhunderts statt. Da gab es eine gewisse Art, wie Priester bei den Jugendlichen Sexualaufklärung gemacht haben, mit Anweisungen für die Hygiene der Geschlechtsteile zum Beispiel.

Ich glaube, dahinter steht etwas, was wir bisher zu wenig thematisiert haben: die Obsession mit dem sechsten Gebot. Das große Beichtthema lautete damals: Selbstbefriedigung bei Burschen. Als Theologe habe ich später festgestellt, dass es in den Handbüchern der Moraltheologie exzessive Behandlungen des sechsten Gebotes gab. Der berühmte »Noldin«, das mehrbändige Handbuch der Moraltheologie des Jesuiten Hieronymus Noldin, die *Summa theologiae moralis*, hat einen ganzen Band, der von den Geboten Gottes und der Kirche ausschließlich vom sechsten Gebot handelt. Unter Theologiestudenten wurde gewitzelt, dass man das auch als Pornografie lesen könne. Das heißt, da war schon etwas Krankes. Wenn ich mich heute frage: Was sind die Wurzeln der Missbrauchsgeschichte?, dann gehört sicherlich diese Einseitigkeit dazu: die Tendenz, das sechste Gebot in einer viel zu extensiven Weise zu behandeln, als gäbe es das siebte, das fünfte und das achte Gebot nicht. Die Unausgewogenheit der Moraltheologie war massiv und schädlich. Warum hat man nicht, Papst Leo XIII. folgend, die Soziallehre der Kirche mit dem entsprechenden

Gewicht versehen? Ich muss mit Dankbarkeit sagen, dass das sechste Gebot im Katechismus deutlich kürzer behandelt wird als das siebte, in dem es um die soziale Gerechtigkeit geht. Weil es aber damals in erster Linie um das sechste Gebot ging, ist der Eindruck entstanden: Kirche hat vor allem mit dem sechsten Gebot zu tun. So haben es viele junge Menschen in meiner Jugend erlebt. Es war ungesund, das Gewicht auf die sexuellen Handlungen und nicht auf die Haltungen zu legen. Das ist mir später beim theologischen Nachdenken darüber bewusst geworden: Es geht primär um die Haltungen, um das, was die Theologen *Habitus* nennen, um die Tugenden. Am Anfang steht nicht die Frage: Was geschieht im Schlafzimmer?, sondern: Was bist du für ein Mensch? Es war erfrischend, als bei der Bischofssynode über die Familie 2015 eine deutsche Expertin, eine Teilnehmerin, gesagt hat: »Meine Herren Bischöfe, schauen Sie bitte zuerst ins Wohnzimmer und nicht ins Schlafzimmer.«

Sakrosankte Meister, ausgenutzte Bedürftigkeit

Christoph Schönborn: Mit der Missbrauchsfrage bin ich eigentlich das erste Mal über Berichte in Berührung gekommen, die berühmte säkulare Schulen betrafen: das Werkschulheim Felbertal, eine Pionierschule, die inzwischen nicht mehr am alten Standort ist. Der Gründer und Direktor dieser Schule, Alexej Stachowitsch, ein Russe, war ein begnadeter Pädagoge, aber er war auch ein Pädophiler. Der andere Bericht betraf die Odenwaldschule, wo der berühmte Direktor Gerold Becker massiven Missbrauch betrieben hat. In der *Frankfurter Allgemeinen Zeitung* und in der *ZEIT* fand dann eine intensive Diskussion von Ehemaligen statt: Warum haben die Eltern zugeschaut, weggeschaut, getan, als wäre nichts, warum haben sie die Signale nicht wahrgenommen?

Innerkirchlich wurde ich zum ersten Mal massiv mit dem Thema Missbrauch konfrontiert, als das Magazin *Profil* am 25. März 1995 die Bombe hat platzen lassen über meinen Vorgänger Kardinal Hans Hermann Groër: Vorwurf des Missbrauchs von Jugendlichen als Lehrer im Knabenseminar in Hollabrunn. Ich war damals schon vier Jahre Weihbischof bei ihm. Kardinal Groër war – ich bleibe dabei – ein hochbegabter Mensch und hat viel Gutes geleistet. Schüler aus seiner Zeit im Knabenseminar sagen: Er war der beste Lehrer, er war modern, die Stunden waren spannend, er hat die Schüler auch mit der neuesten Literatur bekannt gemacht, und viele haben die andere Seite nicht bemerkt. Nur: Wer hat sie bemerkt? Wer waren die Betroffenen? Meistens waren es Schwächere, Hilflose wie Josef Hartmann, der dann seine Geschichte öffentlich gemacht hat, der aus einer ganz armen Familie kam und für den es sozusagen eine Gnade war, dass er im Knabenseminar in die Schule gehen durfte. Ich habe den Eindruck, einer der Zugänge zum Missbrauchsverhalten ist eine Art Anziehung durch schwächere, jüngere Menschen, die eine Mischung von Helfenwollen und Abhängigmachen auslöst, die dann in Missbrauch umkippt. Wie das psychologisch funktioniert, ist mir schwer erklärlich. Meine erste Reaktion war: Das kann ich nicht glauben. Ich wurde am selben Abend des Tages, an dem der *Profil*-Artikel erschien, im Fernsehen befragt: »Herr Weihbischof, was sagen Sie dazu?« Und ich habe wirklich gesagt: »Das ist unfassbar, so ein Vorwurf, das erinnert mich an die Nazizeit, in der man Priester der Homosexualität beschuldigt hat.« Zwei Tage später habe ich eine Erklärung abgegeben, in der ich mich für diese Äußerung entschuldigt habe.

Doris Wagner: Wie war das für Sie, dass Sie sich da getäuscht haben? Viele schaffen ja auch diesen einen Schritt nicht, nämlich zuzugeben: Ich habe mir das nicht vorstellen können, und jetzt muss ich einsehen, es stimmt doch. Wie haben Sie das geschafft? Wie hat sich das für Sie angefühlt?

Christoph Schönborn: Es gab Gerüchte über Kardinal Groër, von denen ich nie etwas gehört hatte. Ich weiß nicht: War ich zu naiv? Dass er etwas schrullig war, das wusste ich, auch dass er einen gerne »abgetatschelt« hat. Aber diese Vorwürfe kamen für mich völlig überraschend. Ich habe dann mit mehreren Zeugen gesprochen, vor allem in der zweiten Welle 1998, als die Sache noch einmal aufgebrochen ist und ich schon Erzbischof war und Leitungsaufgaben hatte. Sie haben mir ihre Geschichten erzählt. Und ich habe diese Geschichten geglaubt, weil sie kohärent waren mit dem, was Josef Hartmann berichtet hatte. Da hat sich für mich ein Bild gefügt, das mich einerseits nicht daran gehindert hat, die großen Qualitäten von Kardinal Groër weiter zu schätzen, das mir aber auch das Drama deutlich vor Augen geführt hat, dass er offensichtlich eine Realität in seinem Leben völlig abgespalten hatte. Ich habe ihn nach seinem Rücktritt direkt auf die Vorwürfe angesprochen. Da war ein kleiner Spalt, einen Moment lang, offen, und dann war er sofort wieder zu – mit einer Kohärenz, die viele überzeugt hat. Er konnte diesen Schritt nicht gehen … Und wenn er nur gesagt hätte: »Ja, das ist mir passiert.« Ich war vier Jahre sein Weihbischof und ich habe in diesen vier Jahren viel von ihm gelernt, aber – das sage ich ohne eine Spur von moralischem Urteil über die Person, das steht Gott allein zu – ich kann mich nicht erinnern, einmal von ihm gehört zu haben: »Da habe ich einen Fehler gemacht.«

Besonders dramatisch ist der Fall Karadima in Chile (Fernando Karadima war Priester im Erzbistum Santiago de Chile und hat offenbar über Jahrzehnte Minderjährige sexuell missbraucht. Er wurde 2018 von Papst Franziskus aus dem Klerikerstand entlassen, Anm. d. Lektors). Ich habe die Auswirkungen in Chile selber erlebt. Ich war 2013 eingeladen zu einem Priestertag in Santiago, einem spirituellen Tag, gerade als die Vorwürfe gegen Karadima begannen laut zu werden. Das hat, weil Karadima ein Priester mit ungeheurem spirituellen Einfluss war, den Klerus in Santiago völlig gespalten. Es gab die Karadima-Jünger und die Anderen. Die Anderen waren in ihren Augen nicht die »wirklich Katholischen«. Die »wirklich Katholischen«, die »wirklich Spirituellen«, das wären die Karadima-Jünger. Nicht unähnlich verlief das Drama von Hans Hermann Groër, der einen Kreis von Leuten um sich geschart hatte, worunter es viele echte Berufungen gab, auch viele Schwesternberufungen. Aber der Grundfehler war, dass er der Meister war, und zwar unhinterfragbar. Im Missbrauchsverhalten haben sich das Spirituelle und das Missbräuchliche vermischt – ein Schema, das wir bei mehreren bedeutenden Persönlichkeiten, auch bei manchen neueren Bewegungen sehen. Ich denke da auch an meinen Mitbruder, dessen Zimmernachbar ich im Kloster fünfzehn Jahre lang war, Pater Marie-Dominique Philippe (Marie-Dominique und Thomas Philippe waren zwei französische Brüder, die beide des Missbrauchs beschuldigt wurden. Ersterer war Theologie-Professor in Fribourg und geistlicher Begleiter der Johannesgemeinschaft. Sein Bruder Thomas war geistlicher Begleiter der von Jean Vanier gegründeten internationalen Arche- Gemeinschaft, Anm. d. Lektors): ein faszinierender Mann, ein großartiger Mann, aber mit dieser Aura des Meisters, die den Missbrauch begünstigt hat. Die ersten Opfer, die sich mir anvertraut haben, waren zwei Österreicherinnen, die dort als Schwestern lebten. Sie haben mir schriftlich dargelegt, was sie erlebt hatten. Beide sind ausgetreten und heute verheiratet, haben Familien. Natürlich war das ein Schock, dass der Gründer einer Gemeinschaft, Marie-Dominique Philippe, und der Gründer zweier Frauenklöster, Hans Hermann Groër, solche Taten begangen haben. Wie konnte das geschehen?

Doris Wagner: Ich glaube, das ist natürlich eine wahnsinnig komplexe Sache, die wirklich auch vielschichtig wissenschaftlich in verschiedenen Disziplinen untersucht werden muss. Ich glaube aber, dass man sagen kann, dass ein ganz simples Prinzip Missbrauch ermöglicht, und das ist einfach Machtungleichgewicht.

Christoph Schönborn: Ja.

Doris Wagner: Sobald Augenhöhe fehlt in einer Beziehung, wird die Beziehung anfällig dafür, dass es auch Missbrauch gibt, dass der Part, der mehr Macht hat, sich über den anderen hinwegsetzt. Das habe ich erlebt in meiner Geschichte, weil ich als Novizin ohnehin »niemand« mehr war und ich keine Bedürfnisse geltend machen konnte und kein Mitspracherecht hatte, noch nicht mal über meine eigene Zeit oder über meine eigene Kleidung oder über meine eigenen Gedanken selber bestimmen durfte, weil ich in solchen Umständen absolut ausgeliefert war – und zwar den Menschen, die über mich bestimmten.

Das ist etwas, das es in allen missbräuchlichen Beziehungen gibt, das auch Kinder, Heimkinder erleben. Diese Aura, die Sie beschreiben, ist bei Tätern wie Karadima einfach nur ein Mittel oder ein Instrument, mit dem jemand um sich herum, im Kreis von Vertrauten, eine Dynamik aufbaut, die Freunde und Gegner erzeugt und die eine ganze Pfarrei oder eine ganze Diözese spalten kann. Und oft sind diese Aura und dieser Freundeskreis einfach nur dazu da, um die Macht des Täters zu erhöhen, ihn unangreifbar zu machen, damit er diese Taten begehen kann. Ich glaube, dass, sobald es – egal wo, in der Kirche oder anderswo – einen Menschen gibt oder eine These oder irgendetwas, was man nicht infrage stellen darf, wogegen man mit Argumenten und mit Fakten und mit Bedürfnissen, die jemand hat, nicht ankommt, das gefährlich ist. Das ist einfach gefährlich. Und das ist auch der tiefer liegende Grund, weshalb ich es für gefährlich halte, dass es in der Kirche eine Instanz gibt, die nicht angreifbar ist, wenn es um Lehrfragen geht. Auch ein Amt wie das Papstamt halte ich für gefährlich. Denn der Papst ist in seiner Stellung nicht angreifbar, weil er einfach der absolute Monarch und der oberste Gesetzesgeber ist, der von keinem anderen Menschen zur Verantwortung gezogen werden könnte. Das halte ich für gefährlich. Eine solche Struktur darf es meines Erachtens nicht mehr geben, weil eine Struktur, die das begünstigt, dass jemand unhinterfragbar ist, nichtangreifbar ist, Missbrauch begünstigen kann.

Putzen und Schweigen: Warum missbrauchte Schwestern oft keine Lobby haben

Doris Wagner: Ich habe, nachdem ich vergewaltigt worden bin, lange Zeit gebraucht, bis ich überhaupt verstanden habe, dass ich nicht schuld bin, und habe dann noch einmal lange gebraucht, bis ich mich damit jemandem anvertrauen konnte und bis ich dann aus der Gemeinschaft ausgetreten bin. Aber auch danach habe ich noch lange gedacht: Das ist die ganz große Ausnahme, das passiert sonst niemandem, weil Priester so etwas eigentlich nicht tun – und welche jungen Frauen gehen heute noch ins Kloster? Während des Studiums habe ich aber angefangen, über theologische Recherche-Portale wie *IxTheo* (Index theologicus, theologische OpenAccess-Datenbank, Anm. d. Lektors) mir Artikel oder andere Quellen zu suchen. Ich wollte wissen, ob es da andere Fälle gibt, ob es Untersuchungen gibt, und war dann sehr schockiert, vor allem, als ich auf die Berichte von Maura O'Donohue gestoßen bin (römisch-katholische Ordensschwester der Medizinischen Missionarinnen Marias, die als Entwicklungshelferin und Ärztin weltweit wirkte. 1994 verfasste sie einen Bericht über sexuellen Missbrauch von Nonnen durch Kleriker weltweit. Der Bericht und die darin geschilderten Fälle wurden vom Vatikan bestätigt, 2001 berichtete der *National Catholic Reporter* davon und sorgte für internationales Aufsehen, Anm. d. Lektors). Ich war doppelt schockiert, und zwar erstens, weil diese Berichte so furchtbar sind, dass es wirklich Klöster gibt, in denen Bischöfe Schwestern wie Prostituierte behandeln und sich schicken lassen von der Oberin, und Schwestern, die sich mit AIDS anstecken und zu Abtreibungen gezwungen werden. Da war diese eine Schwester, die bei der Abtreibung gestorben ist, die der Täter erzwungen hatte – und der Täter hat dann noch das Requiem gefeiert! Das ist so schlimm! Zweitens schockiert war ich, weil ich mir gedacht habe: Warum hat das niemanden interessiert? Warum interessiert das niemanden … Nimmt Ordensfrauen keiner ernst? Es sind komische Frauen, die nimmt keiner ernst, keiner identifiziert sich mit ihnen, kümmert sich um das, was ihnen passiert … Ist das so? Ich weiß es nicht …

Damals hat mich das auch deshalb doppelt getroffen, weil sich das Alleinsein mit dem, was mir passiert ist, noch einmal wiederholt hat, weil ich verstanden habe: Erstens, ja, ich bin nicht allein, aber *uns allen* hört eigentlich keiner zu. Und auch zu wissen, dass diese Berichte von Maura O'Donohue seit den Neunzigern an der Kurie liegen und dass da nie etwas passiert ist, bis heute, abgesehen von einer pauschalen Entschuldigung 2001 durch Johannes Paul II. Ich habe dann versucht nachzuforschen: Ich habe befreundete Priester, die Afrikaner sind, gefragt, ob sie mitbekommen hätten, was danach in ihren Ländern passiert ist. Niemand wusste etwas. Das einzige, was ich gehört habe, war immer wieder: Ja, da haben sich einige, die versucht haben, etwas dagegen zu tun, unbeliebt gemacht. Und diese Dynamik kenne ich ja.

Was mich danach ebenfalls sehr schockiert hat, war eine Studie von John T. Chibnall, Ann Wolf und Paul N. Duckro, die Frauen therapiert haben, die als Ordensfrauen sexuell missbraucht worden sind. Ihre Ergebnisse veröffentlichten sie 1998 in der *Review of Religious Research* unter dem Titel: *A National Survey of the Sexual Trauma Experiences of Catholic Nuns.* Sie hatten dafür, weil keine entsprechend aussagekräftigen und fundierten Studien vorlagen, eigene Untersuchungen durchgeführt und Frauen aus drei verschiedenen Gemeinschaften in den USA befragt. Das Ergebnis war schockierend: Vierzig Prozent dieser Frauen gaben an, sexuell missbraucht worden zu sein, dreißig Prozent während ihrer Zeit im Kloster. Diese Befragungen und auch die Berichte von Maura O'Donohue zeigen, dass diese Verbrechen in der ganzen Welt stattgefunden haben. Nicht nur in Afrika, nein: auch in Brasilien oder Irland, in Italien oder auf den Philippinen, und eben in den USA. Und wenn ich mit Leuten darüber spreche, die in der Kirche sind, sagen auch viele: Ja, ich weiß, ja. Oder Leiter von Exerzitienhäusern sagen im Flüsterton: Ja, dieses Thema kommt oft auf in Exerzitien mit Schwestern. Aber warum redet dann niemand drüber? Weil es ein Machtungleichgewicht gibt! Frauen haben in der Kirche nichts zu sagen. Wir hatten vorher schon darüber gesprochen: Für Sie bestand als junger Dominikaner Lesepflicht. Ich habe Jahre mit Putzen und Gemüseschälen und Tellerwaschen verbracht.

Es gibt dieses Stereotyp oder *role model* für Ordensfrauen: Sie müssen grenzenlos verfügbar sein, nichts sein wollen und sich ganz aufgeben und hingeben. Und auch wenn man leidet, lächeln, nicht drüber sprechen und einfach nur dienen – das ist einfach ein furchtbares role model!

Aber ich muss zugeben, mich hat das anfangs auch irgendwie fasziniert. Nicht jeder kann das, sich so aufgeben. Nur habe ich später erkannt, welch unglaubliche Falle das sein kann, dass, wenn man sich da einmal hineinbegibt, man dann einfach nicht mehr sagen kann: Moment mal, ich bin auch jemand! Ich kann was, lasst mich studieren oder lasst mich das jetzt tun, weil ich das kann... Der Moment, in dem man so etwas doch noch einmal sagen kann, der kommt dann nicht mehr.

Aber warum sollen Frauen, die in Gemeinschaften eintreten und Schwestern werden, nicht auch ihre eigenen Projekte machen, ihre Studien, ihre Freundschaften pflegen, warum sollen die nicht genauso selbstbestimmt und mutig leben dürfen? Warum sollen Frauen in der Kirche nicht auf Augenhöhe sein mit Männern? Warum sollen sie nicht genau dieselben Befugnisse haben, denselben Status wie Männer und einem Bischof gegenübertreten können und mit demselben Status mit ihm ins Gespräch gehen, warum sollen sie nicht genauso Forderungen stellen und genauso Entscheidungen treffen, wie Männer das in der Kirche auch tun? Warum nicht? Ich glaube, erst wenn das geschafft ist, wird es diesen Missbrauch von Frauen in der Kirche nicht mehr geben.

Christoph Schönborn: Diese Ungleichheit, die Sie beschreiben, ist eine Uraltsünde in der Kirche. Wie oft habe ich abfällige Bemerkungen von Patres über Ordensschwestern gehört! Wenn man zu den Schwestern Beichte hören gegangen ist, hat man das »ironisch« genannt: Schwestern abstauben. Da war Wertschätzung, aber mit dem Grundgedanken: Schwestern haben zu dienen. Ich bin selber in der Situation, dass Schwestern mir helfen. Wir haben im Bischofshaus drei indische Schwestern, eine sehr gute und herzliche Gemeinschaft. Es gibt viel Betrieb, viele Gäste, und sie machen sehr viel im Haus, dafür bin ich froh und dankbar. Aber ich weiß auch, dass das nicht das Zukunftsmodell ist. Denn das Ungleichgewicht zwischen Mann und Frau ist zweifellos eine Wurzel des Missbrauchs. Dazu gehört oft auch ein bestimmtes Priesterbild: Der Priester ist sakral, unberührbar, der »Herr Pfarrer«. Wenn dieses Priesterbild vorherrscht, ist Autoritarismus eine ständige Gefahr. Dann kann es sein, dass der Pfarrer alles bestimmt und sich mehr leisten darf als andere. Gott sei Dank ist das nicht das einzige Bild. Dort, wo es anders läuft, lebt auch die Gemeinde ganz anders.

Klerikale Herren, dienende Mägde – oder die Frage nach dem Frauenpriestertum

Doris Wagner: Sie sprechen damit eine Frage an, die mir unter den Nägeln brennt: Der Priester spendet die Sakramente, der Priester hat die Mittlerfunktion. Kirche ohne Priester ist nicht denkbar, weil die Priester die Sakramente spenden und weil der Priester *in persona Christi* handelt. Und damit verbunden ist die Vorstellung, dass der Priester in der Priesterweihe ontologisch verwandelt wird. Ich habe in analytischer Philosophie promoviert und mich ein bisschen mit Ontologie beschäftigt, ein bisschen. Und ich finde diese Vorstellung, dass ein Mensch durch Handauflegung ontologisch verwandelt werden kann, völlig absurd – und halte das für die Wurzel des Klerikalismus und für eine der Wurzeln des Problems. Wie sehen Sie das?

Christoph Schönborn: Das ist – Sie gestatten, das so zu sagen – Unsinn. Ich habe Dutzende Vorträge gehalten über den Artikel 10 von *Lumen Gentium*, der Kirchenkonstitution des Zweiten Vatikanums, in der es heißt: »Das gemeinsame Priestertum aller Getauften und das Amtspriestertum unterscheiden sich nicht so sehr dem Grade nach, als vielmehr dem Wesen nach.« Und aus diesen Worten haben manche die Schlussfolgerung gezogen, auch auf älteren theologischen Äußerungen basierend, der Priester habe ein anderes Wesen, was ein völliges Missverstehen dieses Textes ist. Denn die Aussage ist genau umgekehrt: Der Priester unterscheidet sich nicht dem Grad nach von allen anderen Gläubigen. Das ist eine Ideologie, die sehr verbreitet war, vor allem in der sogenannten »École française«: Die Spiritualität des Priesters sei anders und das Priestersein ein höherer Grad des Christseins. Aber genau das hat das Konzil abgelehnt. Genau das! Es gibt nur einen höheren Grad im Christsein, das ist die Heiligkeit. Die Heiligkeit ist völlig demokratisch, da hat jeder Zugang. Die Aussage »nicht dem Grade nach, sondern dem Wesen nach« ist deshalb die entscheidende Aussage. Dass wir alle als Christen gleich sind, das ist die Zielaussage, das ist das Ziel. Das Mittel dazu, eines unter vielen Mitteln, ist das Amtspriestertum. Aber es ist *ein* Mittel. Und es unterscheidet sich deshalb wesentlich vom gemeinsamen Priestertum. Das gemeinsame Priestertum bedeutet schlichtweg, dass du eine Christin oder ein Christ bist. Und da gibt es überhaupt keine Unterschiede. Wenn ein Papst heiliggesprochen wird, ist die Voraussetzung nicht, dass er Papst ist, sondern dass er ein echter Christ war. Ich werde nie vergessen, wie ich die Pförtnerin der Glaubenskongregation einmal gefragt habe – das war Anfang der Achtzigerjahre, als Kardinal Ratzinger neu als Präfekt der Glaubenskongregation in Rom war: »Wie ist denn euer neuer Präfekt?« Da hat sie geantwortet: »É un vero cristiano« – »Er ist ein echter Christ.« Das ist für mich die beste Aussage, die man über einen Priester machen kann: dass er ein echter Christ ist. Nicht, dass er Priester ist. Das ist sein Dienst und das ist nicht sein Verdienst. Das ist ein Auftrag: Er kann der Eucharistie vorstehen. Wie er aber als Mensch ist, das bemisst sich nach genau denselben Kriterien wie bei jeder Christin und jedem Christen.

Doris Wagner: Das heißt, Sie würden auch sagen, dass das, was in der Priesterweihe geschieht, nicht irgendeine geheimnisvolle Verwandlung ist?

Christoph Schönborn: Absolut! Es ist eine Indienstnahme, so sagt es der heilige Thomas, eine Indienstnahme für den Dienst am Volk Gottes. Und wenn er diesen Dienst obendrein noch als echter Christ ausübt, dann kann er ein Heiliger werden, dann kann er ein heiliger Pfarrer von Ars werden, genauso wie eine Theresia von Avila und, und, und. Aber die Tatsache, dass er diesen Dienst bekommen hat, diesen Auftrag zu einem Dienst, macht ihn nicht zu einem Christen höheren Grades. Nur steckt diese Vorstellung so tief drinnen…

Doris Wagner: Das steckt so tief drinnen, das ganze Kirchenrecht ist ja durchzogen von dieser Logik, dass Priester irgendwie etwas anderes sind als normale Menschen. Für mich zum Beispiel war ein ganz entscheidender Moment, als ich gerade ausgetreten war und es das Theologenmemorandum gab – wir hatten im Cusanuswerk so hitzige Debatten darüber. Ich war gerade auf dem Weg von Freiburg, wo ich als Schwester Doris gelebt hatte, hin zu meiner ersten eigenen Wohnung in Erfurt, und da habe ich in München einen Zwischenstopp gemacht. Wir hatten dort ein Treffen von Stipendiatinnen und Stipendiaten des Cusanuswerks, wo wir über dieses Memorandum, seinen Text und die Themen diskutieren wollten. Es gab verschiedene Themenblöcke, die unterschiedliche Personen für die Debatte vorbereiten sollten. Ich war damals noch ganz Schwester Doris und noch sehr überzeugt von bestimmten Punkten und habe das Thema »Frauenpriestertum« gewählt. Ich war komplett überzeugt: Wenn die Kirche lehrt, dass Frauen nicht Priester werden können, dann muss das Sinn haben, und dann schaue ich einmal, welche Argumente es auf dieser Seite gibt und welche Argumente es auf der anderen Seite gibt. Ich selbst hatte keinen Standpunkt, aber ich war der Überzeugung, dass das Sinn haben muss, was die Kirche lehrt. Während der Vorbereitung habe ich Texte gesucht und war irgendwann wahnsinnig geschockt – und das war wirklich ein ganz tiefer Einschnitt für mich –, als ich gemerkt habe, dass das Lehramt gar keine ernsthaften Argumente hat. Ich habe die Dissertation von Manfred Hauke (deutscher Theologieprofessor und Leiter der Zeitschrift *Theologisches. Katholische Monatsschrift*, Anm. d. Lektors) über das Frauenpriestertum gelesen und war sehr irritiert, dass er da biologistische Argumente bringt. Er sagt zum Beispiel an einer Stelle: Der Mann ist auch von seiner Körperform her eher nach außen strebend und der weibliche Körperbau ist um die Mitte versammelt. Dazu gibt es Zeichnungen … das war richtig absurd! Es fühlte sich an, als ob ich eine Satire läse.

Danach habe ich mich mit den päpstlichen Lehrschreiben befasst, die es zu diesem Thema gibt, und habe das eine Argument gefunden, das die Kirche verwendet: Im Abendmahlssaal seien keine Frauen anwesend gewesen.

Christoph Schönborn: Nach jüdischer Tradition sind beim Pessachmahl auch die Frauen anwesend.

Doris Wagner: Genau. Man brauchte nur die Einführungsvorlesung in das Neue Testament gehört zu haben, um zu wissen, dass das kein Argument sein kann. Erstens, weil man bei einer historisch-kritisch Herangehensweise an die Evangelien nicht so sicher sagen kann, dass damals tatsächlich keine Frauen im Abendmahlssaal waren. Zweitens, weil es auch sehr fragwürdig ist, ob wirklich dieser Moment im Abendmahlssaal die Einsetzung des Priestertums war, ob dieser Moment damals überhaupt viel zu tun hat mit dem, was heute in der Kirche als Priestertum existiert und gelebt wird. Neben jenen biologistischen Argumenten und diesem Abendmahls-Argument gibt es schließlich noch das Traditionsargument, das sagt: Das hat es bis jetzt nicht gegeben, das hat die Kirche noch nie gemacht … Auch das ist ein Argument, das man, wie ich finde, nicht ernst nehmen kann.

Nachdem ich diese Argumente oder eher »Nicht-Argumente« analysiert hatte, habe ich mich gefragt: Warum jetzt also können Frauen nicht Priester werden? Warum haben so viele Menschen in der Kirche so viel Angst davor, sich darauf einzulassen? Gerade nach dem, was Sie gerade gesagt haben über das Priestertum als Mittel, das keine höhere Stufe des Christseins ist. Warum stellen dann nicht mehr Männer in leitenden Positionen fest: »Es gibt gegen das Frauenpriestertum keine stichhaltigen Argumente – warum sollten wir das nicht probieren?« Oder warum sollten wir nicht zumindest eingestehen, dass es keine stichhaltigen Argumente gibt, und sagen: »Okay, das wird vielleicht praktisch schwierig, weil wir Menschen vor den Kopf stoßen. Aber eigentlich, wären wir ehrlich, müssten wir in diese Richtung gehen.«

Und beim Zölibat ist es übrigens ja genau dasselbe. Es gibt keinen Grund, warum man nicht Männer weihen könnte, die sich nicht auf den Zölibat verpflichten. Trotzdem wird der Zölibat verteidigt, und übrigens auch in diesem Fall trotz all der schlimmen Geschichten von Menschen, die darunter gelitten haben und leiden. Es sind ja nicht nur Priester, sondern auch Frauen, Kinder, die Priester als Väter haben, die unter dieser Regel leiden. Trotzdem wird da so dran festgehalten, obwohl das auch nicht notwendig ist.

Und ich frage mich: warum? Welche Ängste stecken da dahinter? Vielleicht geht es um Macht und die, die Macht haben in der Kirche, haben Angst. So wie in der Politik handelnde Personen vor Frauenquoten Angst haben, haben kirchliche Amtsträger Angst davor, ihre bisherige kuschelige reine Männerwelt aufzugeben und sich damit konfrontiert zu sehen, dass sie Mitschwestern im Amt haben, dass sie Mitbrüder im Amt mit Familien haben …

Christoph Schönborn: …Mitbrüder mit Familie habe ich ziemlich viele, weil ich ja auch zuständig bin für die katholischen Ostkirchen in Österreich. Da gibt es etwa dreißig Priester, die verheiratet sind und Familie haben, und ich kenne die Familien. Da schneiden wir gerade eine große Debatte an. Ich nenne dazu zwei grundlegende Punkte: Für mich ist das wirklich tragende Argument das Traditionsargument. Das ist ein Faktenargument, nicht unbedingt ein theologisches Argument. Faktum ist, dass es in der Christenheit – was Presbyter und Bischöfe betrifft – tatsächlich eine verbindende Tradition des Männerpriestertums gab und gibt, auch in den anderen Konfessionen. Das wurde dann in der anglikanischen Kirche vor ein paar Jahrzehnten und bei den evangelischen Kirchen schon vor etwas längerer Zeit geändert. Dieses Traditionsargument kann man niedrig ansetzen oder sehr hoch. Jedenfalls hätte Luther nie daran gedacht, Frauen in das Amt zu ordinieren, das war noch bis ins 19. Jahrhundert Konsens. Nun kann man natürlich darauf verweisen, das sei kulturell und gesellschaftlich bedingt, aber es bleibt auch dann ein Faktum. »*Contra factum non valet argumentum*« – »Gegen ein Faktum gibt es kein Argument«. Ein anderes Argument als das Traditionsargument ist die Frage nach der inneren Stimmigkeit: Ist das Amt stimmig mit dem Mannsein verbunden, weil Jesus ein Mann war? Die Einschätzung von solchen Angemessenheitsgründen ist schwierig. Ähnlich ist das oft geäußerte Argument, für das es sicher viele Anlässe gibt, dass es um Absicherung von Macht geht. Dass man Macht nicht teilen will, ist ein Argument.

Ein anderes Argument, das sehr schwer wiegt, ist die Einheit der Kirche. Wir sehen, wie die *Communio* der Anglikaner gesprengt wird bei der Frage nach Priesterinnen und Bischöfinnen. Die katholische Kirche muss sich der Frage stellen, aber zugleich sehr behutsam vorgehen.

Verständnis für die Täter – kein Verständnis für die Opfer

Christoph Schönborn: Ich möchte zum Thema des Frauenpriestertums im Hinblick auf das Thema Missbrauch noch eines hinzufügen. Papst Johannes XXIII. hat schon vor dem Konzil festgestellt: Die Frauenfrage ist eines der großen Zeichen der Zeit. Davon bin ich ebenfalls überzeugt. Das Thema Missbrauch wird die Frage nach der Rolle der Frau in der Kirche in ein neues Licht stellen. Ich habe in diesem Zusammenhang vor dem vergangenen »Kinderschutz-Gipfel« (das Gespräch fand vor dem Gipfel statt, Anm. d. Lektors) in Rom lange überlegt: Warum wartet Franziskus so lange damit? Und was soll das Ganze bringen? Meinem Verständnis nach ist das Ziel zunächst ein gemeinsamer Bewusstseinsstand. Das ist die erste Voraussetzung, wie mir meine eigene Geschichte, meine Erfahrung gezeigt hat: Es braucht zuerst ein Bewusstsein. Und dieses Bewusstsein ist nicht da. Ich erinnere mich an eine Begebenheit mit einem Kardinal aus einem südeuropäischen Land, es ging um eine Ordensschwester, die von einem Prälaten schwer missbraucht worden ist. Ich habe in diesem Land versucht, die Bischöfe aufzurütteln, auch den zuständigen Bischof, den Kardinal – erfolglos. Die Schwester wurde aus der Gemeinschaft ausgeschlossen und der Prälat ist nach wie vor im Amt. Ich habe mich, nachdem ich auf der Ebene der Ortskirche nichts erreicht habe, mit einem anderen österreichischen Bischof zusammen eingesetzt und Papst Benedikt den Fall in einem Brief geschildert, er war damals noch im Amt. Papst Benedikt hat daraufhin die Anweisung gegeben, dass diese Schwester in der »Religiosenkongregation« angehört werden müsse. Am Schluss erhielt ich einen Brief: Das Ordinariat von Wien sei schlecht informiert gewesen. Später habe ich diesen Kardinal mit eben jenem Fall erneut konfrontiert und er hat gesagt: »Ja, ja, ihr da im Norden, inklusive Papst Benedikt, ihr habt einen anderen Zugang dazu als wir im Süden.« Er hat es einfach nicht eingesehen! Und das erwarte ich mir von der Versammlung aller Vorsitzenden der Bischofskonferenzen der ganzen Welt – und ich glaube zu verstehen, dass das auch das Anliegen des Papstes ist: dass alle auf einen gemeinsamen Bewusstseinsstand kommen.

Doris Wagner: Sie haben gerade von dieser Schwester erzählt, die angehört worden ist. Ich habe eingangs gesagt, ich sei so dankbar, dass Sie sich mit mir treffen, mit mir sprechen und wir das auch öffentlich machen. Dahinter steckt eben die Erfahrung, nicht angehört, nicht beachtet zu werden. 2010 habe ich die Tat das erste Mal angezeigt bei meiner Verantwortlichen, aus der Überzeugung heraus, sie würde erschrecken, sich eben erschüttern lassen, und alles tun, was in solchen Fällen getan werden muss. Es gibt ja Regeln dafür, wie mit Tätern umgegangen werden soll, wie mit den Opfern umgegangen werden soll. Nur ist das nicht passiert. Ich dachte dann: Okay, das ist diese Gemeinschaft, diese Gemeinschaft hält sich irgendwie nicht an Vorgaben und möchte nicht aufklären. Wenn ich aber dem Bischof schreibe, dann … Aber auch diese Hoffnung ist enttäuscht worden. Ich habe Mitschwestern, die Bischöfen geschrieben haben, und von denen abgebügelt worden sind … Es gibt viele Menschen, so wie Sie das vorhin von Kardinal Groër und seinem Umfeld geschildert haben, die nur die andere Seite sehen und nicht kapieren, die einfach nicht an unsere Geschichten und uns glauben. Dann habe ich weiter gehofft: Ja, wenn wir es schaffen, dass die Gemeinschaft untersucht wird, dass es eine päpstliche Visitation gibt, eine päpstliche Untersuchung, dann wird etwas mit dieser Gemeinschaft passieren und dann werden die Täter zur Verantwortung gezogen. Das ist auch nicht passiert. Und gleichzeitig zu wissen, dass diese Berichte von Maura O'Donohue seit Jahrzehnten vorliegen, und da ist auch nichts passiert... Ich frage Sie: Wie ist es möglich, dass solche Berichte wie die von Maura O'Donohue oder der Visitationsbericht dieser Gemeinschaft in der »Religiosenkongregation« liegen oder in der Glaubenskongregation und die Öffentlichkeit nicht darüber informiert wird, ob und was damit geschieht? Es muss doch jemand zuständig dafür sein, diese Berichte zu lesen und entsprechend zu handeln, gemäß den Vorgaben. Warum passiert das nicht? Wer ist daran schuld? Wo müsste man hin? An wen müsste man appellieren?

Christoph Schönborn: Über den konkreten Verlauf der Visitation Ihrer Gemeinschaft kann ich nichts sagen, da ich keinen Einblick habe. Ich habe Erfahrung mit einer anderen Gemeinschaft, mit der ich sehr vertraut bin und die nach einer päpstlichen Visitation aufgelöst worden ist. Da wurde gehandelt, und auch in anderen Fällen, die mir bekannt sind, wird sehr entschieden und klar gehandelt. Wir in Österreich haben uns auf Regeln geeinigt, die für die ganze katholische Kirche in Österreich gelten und an die wir uns zu halten versuchen. Ich sage bewusst »zu halten versuchen«. Wir haben im Jahr 2010, als auch bei uns das Thema Missbrauch groß aufgetaucht ist, zuerst die Regierung gefragt, ob sie eine Kommission bilden wolle, der sich die katholische Kirche unterstellen würde. Das hat die Regierung nicht gewollt. Im Rückblick kann ich das verstehen, denn sie hätte alles prüfen lassen müssen, also alle Institutionen, nicht nur die Kirche. Auf diese Absage hin habe ich als Vorsitzender der Bischofskonferenz eine unabhängige Kommission angeregt. Ich habe Waltraud Klasnic, die ehemalige Landeshauptfrau der Steiermark, die eine anerkannte Persönlichkeit ist, gefragt, ob sie sich vorstellen könnte, eine unabhängige Kommission zu bilden, der sich die katholische Kirche unterstellt, für alle Personen, die sich wegen Missbrauchs melden. Diese Kommission ist entstanden und unabhängig von der Kirche. Frau Klasnic hat die Mitglieder angefragt, ausgewählt, mir die fertige Liste vorgelegt, und wir haben als Kirche gesagt: Wir sind einverstanden. Diese Kommission arbeitet seit 2010 und hat nach sehr, sehr klaren Regeln etwa zweitausend Fälle von Missbrauch, sexuellem Missbrauch, Gewalt und anderen Vorwürfen entgegengenommen. Sie führt Clearinggespräche auf Glaubwürdigkeit hin und beurteilt in einem außergerichtlichen Verfahren: Diese Person sollte so und so viel an freiwilliger Wiedergutmachung erhalten und so und so viele Therapiestunden bezahlt bekommen.

Wir haben von der Kirche her eine Stiftung gegründet, die *Stiftung Opferschutz*, in die die Diözesen und Ordensgemeinschaften einzahlen, und zwar nicht aus Kirchenbeitragsmitteln, sondern aus Vermögenswerten. Aus den Mitteln dieser Stiftung wird Geld an die Betroffenen ausgezahlt. Es gibt in jeder Diözese eine Ombudsstelle und eine Kommission, die die Ergebnisse der Ombudsstelle prüft und dem Bischof Handlungsvorschläge macht. All das funktioniert, muss ich sagen, vorbildlich. Es haben mehrere Bundesländer in Österreich dieses Modell übernommen, um Missbrauchsvorwürfe gegen Heime und andere Einrichtungen zu überprüfen. Wir sind da schon ein bisschen Vorreiter gewesen, das betont auch Pater Klaus Mertes immer wieder.

Die Kriterien in diesen Verfahren sind sehr klar: Sobald eine Missbrauchsmeldung über die Ombudsstelle zu uns kommt und die Kommission feststellt, dieser Vorwurf sei gravierend, wird der Priester dienstfrei gestellt. Das ist nicht eine Vorverurteilung, es gilt die Unschuldsvermutung, aber solange die Untersuchung läuft, wird er dienstfrei gestellt. Das ist für mich als Bischof oft sehr schwer, weil die Gemeinden zum Teil heftig reagieren. Wir müssen dann sehr gut überlegen: Was sagen wir den Gemeinden? Wie weit müssen wir die Person schützen, und wie weit geht es darum, den

Opfern zu zeigen, dass das wirklich ernst genommen wird? Es gibt dann, wenn eine gerichtliche Prüfung stattgefunden hat, Fälle von Rehabilitierung, es gibt aber auch die bleibende Dienstfreistellung. Und es gibt die seltenen Fälle von Selbstanzeige. Ich erinnere mich an zwei Fälle in meiner Amtszeit, zwei Priester, die sich selber für ihr Missbrauchsverhalten angezeigt haben, was ich sehr hoch einschätze. Die meisten aber, das habe ich auch in dem *Stern*-Interview gesagt, sehen ihre Schuld nicht ein. Das erschüttert und belastet mich seelisch ungeheuer. Deshalb habe ich einem Priester gesagt, nachdem ein anderer gerade durch seine Selbstanzeige ins Gefängnis gekommen war: Eigentlich gehörst du dort hin. Seine Vergehen waren evident und schwerwiegend, ich habe ihm jegliche Seelsorgstätigkeit verboten. Und wir müssen alle gravierenden Fälle nach Rom melden. Es ist ein Verdienst von Kardinal Ratzinger, dass er gegen den zum Teil massiven Widerstand der Kurie einen Gerichtshof eingerichtet hat für die *delicta graviora,* die schwerwiegenden Fälle. Das ist ein großer Schritt gewesen. Und in den letzten Jahren sind viele Priester aus dem Amt entlassen worden.

»Ich bin Hirte und ich bin Richter«

Ich möchte noch auf eine Schwierigkeit hinweisen, die mich existenziell sehr belastet. Ich bin als Bischof in einer Doppelfunktion, es gibt keine Gewaltenteilung: Ich bin Hirte für die Gläubigen und auch für die Priester, und ich bin Richter. Das kann einem das Herz zerreißen, weil ich natürlich zuerst an die Opfer denke, aber dann auch den Menschen sehe, der zwar das Leben anderer schwer, manchmal lebenslang belastet hat, der aber selber auch ein Mensch ist. Ich bin deshalb sehr dankbar für die Kommission, die aus Experten besteht und mir sagt: »Lieber Bischof, diese Person kannst du nicht mehr pastoral einsetzen, auch wenn es dir wehtut, aus Gerechtigkeit den Opfern gegenüber, aber auch aus Sicherheit für die Zukunft.« Wir lassen dazu immer ein forensisches Gutachten anfertigen mit der Frage: Ist ein pastoraler Einsatz noch verantwortbar oder nicht?

Doris Wagner: Ich bin sehr froh, dass Sie die Gewaltenteilung ansprechen, denn ich denke, dass ein Teil dieser verfahrenen Situation, in der die Kirche aktuell steckt, auch daran liegt, dass Bischöfe aufgrund der fehlenden Gewaltenteilung in einer unmöglichen Situation sind. Es wäre deshalb ein Ausweg, wenn viele Bischöfe die Größe hätten – oder auch ermutigt oder vielleicht sogar verpflichtet wären –, das aufzulösen. Indem sie, wie von Ihnen geschildert, externe Berater ins Boot holen, aber auch Zuständigkeiten abgeben; indem Strukturen geschaffen werden, die eine gewisse Gewaltenteilung in Diözesen garantieren. Damit wäre der Bischof eben nicht mehr für alles und für alle zuständig, müsste nicht immer das letzte Wort haben.

Christoph Schönborn: Das ist die Funktion des kirchlichen Gerichts, sei es des römischen für die schweren Delikte – und alle Fälle von Missbrauch von Minderjährigen sind schwere Delikte – oder auch des Diözesangerichts: Ich bin an deren Entscheidungen gebunden. Auf das Verfahren und die Entscheidung habe ich keinen Einfluss. Das ist insofern schon ein Element von Gewaltenteilung. Das funktioniert zumindest bei uns, glaube ich, ganz gut. Und dennoch weiß ich aus eigener Erfahrung: Im Bischof sind zu viele Funktionen kumuliert.

MACHT, MISSBRAUCH UND VERANTWORTUNG: WAS SICH ÄNDERN MUSS

Das Gespräch umfasste im ersten Teil biografische Schilderungen, Erfahrungen aus dem Ordensleben, die die Sicht der beiden auf Kirche, ihre Strukturen und Aufgaben, aber auch die Gefahren und Herausforderungen in einen Kontext setzen und zu erklären versuchen. Es ging um Spiritualität, um das Priesterbild und vor allem die Frage nach der Rolle der Frau in der Kirche. Immer wieder wurden mögliche Lösungen angerissen, Fragen gestellt, die für die Zukunft von Kirche essenziell sein könnten. Von diesem Ausgangspunkt her wird der zweite Teil des Gesprächs versuchen, den Blick nach vorne zu richten und entschieden zu fragen: Was muss sich ändern? Was muss Kirche, was müssen kirchliche Akteure ändern? Zuerst allerdings eröffnet Doris Wagner das Gespräch mit einer entscheidenden Frage.

»Ich glaube Ihnen, ja«

Doris Wagner: Wir wollten jetzt den Blick nach vorne richten. Ich möchte aber trotzdem, weil mir das unendlich viel bedeutet, noch einmal wirklich von Ihnen hören, was ich bis jetzt noch von niemandem in der Kirche gehört habe, zumindest von niemandem in einer Verantwortungsposition: dass Sie mir glauben. Ich habe so vielen so oft meine Geschichte erzählt, ich habe Anzeige erstattet und vieles andere versucht. Doch noch von niemandem aus meiner ehemaligen Gemeinschaft habe ich das gehört: »Wir glauben dir – und das hätte dir nicht passieren dürfen!« Könnten Sie mir das sagen?

Christoph Schönborn: Ich glaube Ihnen, ja.

Doris Wagner: Danke.

Vergebung und Verantwortung

Doris Wagner: Sie wissen, dass am vergangenen Montag der Priester zurückgetreten ist, der mich vor zehn Jahren – es ist zehn Jahre her – in der Beichte bedrängt hat und ich bin in den letzten Tagen überschwemmt worden mit Anfragen von verschiedenen Medien, die wollten, dass ich das irgendwie kommentiere, oder die von mir hören wollten, dass ich jetzt irgendwie Genugtuung empfinde oder was auch immer. Und ich habe ihnen immer gesagt: Natürlich bin ich erleichtert. Und andererseits denke ich: Warum jetzt, und warum erst jetzt? Und auch: Wie ist es möglich, dass zu seinem Rücktritt eine Pressemitteilung im Vatikan erscheint, in der er leugnet, dass er irgendetwas getan hat und dann noch droht, dass er sich rechtliche Schritte vorbehält. Was ist da passiert? Wie schätzen Sie das ein?

[Inzwischen hat es in dieser Sache einen Prozess an der Apostolischen Signatur, dem höchsten römischen Kirchengericht, gegeben. In diesem Prozess bin ich nicht angehört worden. Ich bin über das Ergebnis nicht informiert worden und habe kein Recht, das Urteil einzusehen. Allerdings habe ich aus der Presse erfahren, dass die Signatur den Beschuldigten im Mai 2019 freigesprochen hat. Und das, obwohl der Signatur die Aussage einer zweiten Betroffenen vorlag, deren Schilderungen meinen im Detail gleichen, Anm. DR].

Christoph Schönborn: Ich glaube, das kann nur er selber kommentieren. Ich habe das auch gelesen. Er hat sein Gewissen, er muss das verantworten, was er sagt, so wie Sie verantworten, was Sie gesagt haben. Letztlich ist es eine Gewissensfrage. Natürlich können wir uns in Bezug auf unser Gewissen auch täuschen. Eine Sache ist allerdings sehr tröstlich: dass jedes weltliche Urteil vor einem letzten Urteil steht, vor einer letzten und im Letzten unbestechlichen Instanz, die, Gott sei Dank, keine menschliche Instanz ist.

Doris Wagner: Das ist das eine Motiv aus der Bibel, diese eine Geschichte, die mich wirklich immer wieder tröstet: das Jüngste Gericht. Ich stelle es mir nicht als Bedrohung vor, im Gegenteil. Gerade für Menschen wie mich, gerade für Opfer von Gewalt und von Übergriffen und von Ausbeutung, hat dieses Motiv eine unglaubliche Kraft, weil es verspricht: Es gibt einen Moment, an dem die ganze Menschheit, alle Menschen, die je gelebt haben, versammelt sind vor einer Instanz, die Gerechtigkeit herstellt. Dieser Instanz kann sich keiner entziehen, es nützen weder Geld noch Intrigen. Es ist ein Moment, in dem Menschen, die nur gelitten haben im Leben, die nicht mehr auf die Beine kamen, Gerechtigkeit erfahren. Diese Vorstellung von einem Moment jenseits unserer menschlichen Geschichte ist so mächtig: Ein Moment, an dem es jemand gibt, der diese Menschen noch einmal tröstet und wo sie noch einmal ein Leben haben, sodass es auch für diese Menschen noch einmal gut wird. Ich wünsche mir einfach, dass das wahr ist.

Wenn ich jenseits dieser eschatologischen Vorstellung auf die nächsten Jahre und die Zukunft der Kirche überhaupt blicke, stellen sich mir – neben anderen – zwei zentrale Fragen: Wie kann Gerechtigkeit hergestellt werden? Und wie kann das noch einmal wieder »gut« werden? Ich muss Ihnen ehrlich sagen, ich hatte die letzten Jahre über eigentlich die Hoffnung aufgegeben. Ich war an einem Punkt, an dem ich das nach menschlichen Maßstäben nicht mehr für möglich gehalten habe, weil die Situation so verfahren ist und weil die Menschen, die Entscheidungshoheit in der Kirche haben, so uneinsichtig sind oder zumindest so uneinsichtig auftreten. In den letzten Monaten allerdings habe ich so viele Menschen getroffen, die mir das Gefühl gegeben haben, sie haben doch etwas verstanden. Jetzt sitzen Sie mir als Erzbischof von Wien gegenüber, hören mir zu und ich habe den Eindruck, dass Sie verstanden haben. Das hätte ich nicht für möglich gehalten und das gibt mir Hoffnung, dass es noch mal wieder gut wird. Aber die Frage ist: wie?

Christoph Schönborn: Sie haben in Ihrem Buch über den spirituellen Missbrauch einen Begriff in die Mitte gestellt, die Selbstbestimmung. Das meint nicht etwa einen Freibrief für Willkürlichkeit, sondern das ist die Grundmarke des Menschen, das ist das große Geheimnis der Freiheit. Wir wissen, dass unsere Freiheit furchtbar eingeschränkt ist durch unsere Geschichte, unser Erbe, unser Temperament, unsere Fehler, unsere Prägungen. Trotzdem gibt es die Unterscheidung, ob jemand selbstbestimmt oder fremdbestimmt lebt. Und selbstbestimmt zu leben heißt ja nicht: Ich bin ich und niemand anderer interessiert mich. Nein, die ganze biblische Geschichte, der ganze Plan Gottes, wenn Sie so wollen, ist darauf ausgerichtet, dass Gott mit dem Menschen, ihm ein Gegenüber ist. Das verwirklicht er zuerst in der Erschaffung der Frau, die dem Menschen gegenüber ist, also nicht er drüber, sie drunter, sondern beide einander gegenüber. Und so will Gott mit uns sein, so hat er mit Moses geredet, wie mit einem Freund, von Angesicht zu Angesicht. Das ist das christliche Menschen- und Gottesbild. Und das muss das Ziel einer Gemeinschaft wie der Kirche sein.

Doris Wagner: Das sehe ich ganz genauso. Die Frage ist, wie man dahin kommt? Wie schaffen wir in der Kirche Strukturen, wie werden kirchliche Entscheidungsmacht und Ämter so aufgestellt, auch rechtlich so aufgestellt, dass es kein System, keine Institution von Unter- und Überordnung ist, sondern von Augenhöhe, von Miteinander, von echten Beziehungen? Wie schaffen wir ein System, in dem nicht die einen Menschen den anderen ausgeliefert sind? Ich glaube, dass eines für solch ein verändertes System wesentlich wäre: Dass Kirche aufhört, bestimmte Urteile zu fällen, die ihr nicht zustehen, die kirchlichen Akteuren nicht zustehen. Ein Beispiel dazu: Ich habe erzählt, wie ich meinem Mann begegnet bin. Ich bin sehr glücklich mit ihm verheiratet. Rein nach kirchlichen Maßstäben hätten wir aber nicht heiraten dürfen, weil mein Mann nach wie vor nicht laisiert ist. Bis heute ist die Tatsache, dass ich meinen Mann getroffen habe und dass wir geheiratet haben, für mich wie ein Eingriff Gottes in mein Leben. Für die Kirche dagegen leben wir im Stand schwerer Sünde. Könnte das nicht ein Anfang sein, dass die Kirche als Institution einfach anfängt, auf solche Urteile zu verzichten? Wäre es nicht ehrlicher, wenn schon über *viri probati* nachgedacht wird, (über verheiratete Männer, die zum Priestertum geweiht werden könnten), sollte die Kirche nicht auch darauf verzichten, Priester, die eine Frau kennenlernen und heiraten wollen, zur Amtsaufgabe zu nötigen? Könnte nicht ein erster Schritt sein, zu sagen: »Ich maße mir nicht an, darüber zu urteilen, was das in deinem Leben bedeutet. Du fügst hier niemandem Schaden zu, wenn du das tust. Du empfindest das als ein Geschenk Gottes in deinem Leben, dann geh mit Gottes Segen und geh diesen Weg«? Ich könnte mir vorstellen, dass das Verzichten auf Verurteilen, und zwar auch ganz rechtlich und strukturell und real, ein erster Schritt wäre. Weltkirchlich wird man so etwas möglicherweise nur schwer und langsam durchsetzen können. Doch es wäre möglich, dass an verschiedenen Orten Menschen in ihrer jeweiligen Position, an ihrer Stelle einfach aufhören, Menschen zu verurteilen, aufhören, in dieser Über- und Unterordnungslogik zu handeln. Können Sie sich das vorstellen – oder ist das schon zu weit gedacht, zu wild gedacht?

Christoph Schönborn: Nein, das ist es nicht. Ich würde sagen: Es wird immer eine Ordnung geben, denn der Mensch ist strukturiert, die Natur ist strukturiert, alles um uns herum hat Struktur. Wir müssen also akzeptieren, dass es eine kirchliche Ordnung gibt. Doch das heißt nicht, dass es uns zusteht, ein moralisches Urteil zu fällen. Ich habe in meinen Amtsjahren durchschnittlich im Jahr einen Priester gehabt, der sich für eine Partnerschaft entschieden und das Amt niedergelegt hat. Und die meisten haben um die Dispens gebeten, um auch kirchlich heiraten zu können. Ich kenne sie alle persönlich, habe mit allen ihren Weg besprochen. Aber ich habe mir bei keinem ein moralisches Urteil angemaßt, das sagt: Du bist jetzt Gott untreu oder treu. Das steht mir nicht zu.

Ein einfaches Beispiel: Ein Priester hat das Amt verlassen und nun stellt sich die Frage, ob er weiter Religion unterrichten darf. In Wien gehen wir so vor – manchen wird das vielleicht zu liberal sein: Wenn ein Priester um die Dispens gebeten hat, heiraten zu dürfen, erlaube ich, dass er weiter Religionsunterricht gibt – und das noch bevor die Dispens erteilt wurde. Das ist eine andere Ebene als die Ebene des Urteils. Ich habe mich sehr bemüht, dass dieser Priester, der das Amt verlassen hat, sich das gut überlegt. Wir haben mehrmals intensiv gesprochen und viele Fragen diskutiert: Wie geht es dir damit? Ist eure Partnerschaft so weit gereift, dass du wirklich sagen kannst: Das ist mein Weg, unser Weg – das ist der Wille Gottes? Ich habe ihm auch gesagt: Du kannst, nachdem du eine Beziehung eingegangen bist, nicht mehr alleine für dich entscheiden, ihr müsst gemeinsam entscheiden. Vielleicht kommt ihr zu dem Schluss, dass das doch nicht euer dauerhafter Weg ist, dann kannst du zurückkehren in den priesterlichen Dienst. Oder ihr entscheidet euch gemeinsam: Das ist unser Weg. Und dann mach den Schritt, auch aus Respekt vor deiner Partnerin, dass du vor der Gemeinde sagst: Wir sind auch vor der Kirche Mann und Frau.

Diese beiden Ebenen, die wird es immer geben. Und die Frage nach dem Kriterium und der Entscheidung kann noch schwieriger sein: Was mache ich mit einem Religionslehrer, der in einer gleichgeschlechtlichen Partnerschaft lebt, wie gehe ich damit um? In der Mitte steht immer die Frage an die Person: Wie lebst du selber authentisch? Und: Wie stehst du in deinem Gewissen vor Gott, wie steht ihr gemeinsam? Diese Frage kann einem niemand abnehmen, das ist eine Entscheidung, die jeder letztlich in seinem Gewissen treffen muss.

Doris Wagner: Bleiben wir doch beim Beispiel des schwulen Religionslehrers: Wenn der in seinem Gewissen sich seinem Partner verpflichtet fühlt und den katholischen Glauben liebt und Religionslehrer sein möchte und dann die Kirche zu ihm sagt: Du kannst das aber nicht, weil du nicht gemäß der kirchlichen Sittenlehre lebst. Ist das dann nicht genau spiritueller Missbrauch? Denn dann wird jemand gezwungen, auch ein moralisches Urteil über sein Leben zu akzeptieren, das er selbst nicht teilt und nicht verstehen kann.

Christoph Schönborn: Wir kommen nicht um Grenzen herum. Ein anderes Beispiel, auch ein konkreter Fall: Ein stellvertretender Vorsitzender eines Pfarrgemeinderates hat vier Kinder. Er lässt seine Frau sitzen und beginnt eine Partnerschaft mit einer anderen und erwartet von mir, dass ich das absegne und dass er weiter stellvertretender Vorsitzender bleiben, dass er mit seiner neuen Partnerin selbstverständlich am

Sonntag in die Kirche kommen und auch zur Kommunion gehen kann. Dort ist dann seine Frau mit den vier Kindern. Ich urteile nicht, aber ich meine, es gibt so etwas wie Angemessenheit. Ich habe diesem Mann gesagt: Lieber Freund, du hast gerade deine Frau verlassen und lebst jetzt mit einer anderen, da sind deine Kinder, deine Frau – ihr seid ja einen Weg miteinander gegangen. Das ist irgendwie nicht kohärent. Da ist noch ein Weg notwendig.

Darum haben wir in Wien Ende März 2000 ein Projekt für wiederverheiratete Geschiedene ins Leben gerufen, wir nennen das die fünf »Aufmerksamkeiten«. Ich habe mich gefreut, dass Papst Franziskus in *Amoris laetitia*, seinem Schreiben über Ehe und Familie, ein ganz ähnliches Programm für einen Weg vorschlägt. Wir haben fünf Themenkreise genannt, die man auf diesem Weg berücksichtigen sollte: Wie seid ihr mit den Kindern umgegangen? Habt ihr sie in euren Konflikt hineingezogen? Sind sie gar Geiseln eures Konfliktes gewesen? Wie geht es dem übriggebliebenen Partner? Ist der einfach »entsorgt«? Oder wie seid ihr mit der Schuldfrage umgegangen in eurem Konflikt? Und letztlich die Frage: Wie steht ihr im Gewissen? Ich glaube, das ist das, was der Papst mit Synodalität meint, synodos – gemeinsam einen Weg gehen. Und ich denke, da muss auch die Kirche noch viel lernen.

Man kann Probleme nicht auf Knopfdruck lösen, man muss miteinander einen Weg gehen. Gerade was unser Thema betrifft, müssen kirchliche Verantwortungsträger mit den Betroffenen einen Weg gehen, bei dem sie merken: Da macht man nicht eine kurze Erklärung und alles ist wieder vorbei, da geht man wirklich einen Weg mit uns. Solche Wege brauchen Zeit, aber sie dürfen nicht zu langwierig sein. Das ist mein Bild für die Zukunft.

Was sind lebbare moralische Kriterien?

Doris Wagner: Man muss in der Tat vorwärtskommen, man muss Schritte setzen.

Wenn ich zurückschaue auf die letzten Jahre, seit ich ausgetreten bin aus der Gemeinschaft, oder seit dem Moment, an dem durch die Gewalt, die ich erlebt habe, meine Vorstellung von Kirche zusammengebrochen ist, dann bin ich ja auch einen Weg gegangen. Ich habe viele Schritte machen müssen. Ich war überzeugte Anhängerin der »vollen« Lehre der Kirche, das heißt, ich hatte zum Beispiel große Schwierigkeiten zu akzeptieren, dass es Menschen gibt, die homosexuell sind, und ich war komplett überzeugt, dass die enthaltsam leben müssten, weil sie sonst in Sünde leben. Auch in Bezug auf wiederverheiratete Geschiedene hatte ich große Bedenken und hielt das für zutiefst problematisch. Ja, alles, was die Kirche moralisch lehrt, war meine Überzeugung. Dazu gehörte auch die Überzeugung, dass Frauen nicht Priester werden können. Weil die Kirche das so lehrt, weil Gott das irgendwie so will, und die Kirche weiß, dass Gott das so will. Doch auf meinem Weg bin ich so oft an den Punkt gekommen, an dem ich gefragt habe: Warum? Der Begriff der Selbstbestimmung, der spirituellen Selbstbestimmung, den ich in meinem Buch *Spiritueller Missbrauch* verwende, beruht auf einer Erkenntnis aus meiner eigenen Leidensgeschichte heraus: Es ist nicht legitim, einem anderen Menschen eine vermeintlich objektive Lehre oder Ordnung oder was auch immer vorzuhalten und ihn damit zu zwingen, gegen seine eigenen Einsichten und seine eigenen Gefühle zu handeln. Die einzige legitime Grenze, die es gibt, ist die, wo ein Mensch einen anderen verletzt. Deswegen würde ich auch Ihren Fall mit dem Pfarrgemeinderatsvorsitzenden ganz anders einschätzen als den mit dem schwulen Religionslehrer: Ich bin total froh, dass wir heute in einer Zeit leben, in der Menschen sich trennen können, weil Beziehungen, auch Ehen, an einen Punkt kommen können, wo Menschen nicht mehr gut miteinander leben können. Dann geht es darum, dass man sich gut trennt, dass man mit möglichst wenig Verletzungen und möglichst wenig verbrannter Erde auseinandergeht und im Idealfall sagen kann: Es war eine gute Zeit, die wir miteinander hatten, und jetzt wird es hoffentlich eine gute

Zeit, die jeder von uns anders lebt als bisher. Wenn das gegeben ist, wer kann sich dann ein Urteil anmaßen oder Sanktionen setzen und sagen: Weil ihr euch getrennt habt, dürft ihr das oder dies nicht mehr, zum Beispiel ist euch der Kommunionempfang nicht mehr gestattet.

Ganz anders sehe ich den Fall des homosexuellen Paares. Sie tun niemandem etwas an, sie lieben sich, sind miteinander glücklich, gehen gut miteinander um, vertrauen sich gegenseitig und verpflichten sich. Wo ist da das Problem? Ich glaube, dass das wirklich ein kulturelles Element war, bei dem ich selbst Schwierigkeiten hatte zu akzeptieren, dass das gut sein soll. Heute soll mir einmal jemand erklären, wo das eigentliche Problem liegt. Ich sehe keines. Und solchen Menschen dann zu sagen: Ihr mögt zwar vielleicht glücklich sein, das ist vielleicht auch ethisch in Ordnung, aber wir können das hier trotzdem nicht akzeptieren, das finde ich schwierig.

Christoph Schönborn: Das ist schwierig. Irgendwelche Kriterien brauchen wir für eine Einordnung und Entscheidung – aber welche? Sie haben immer wieder die Frage angeschnitten: Wann beginnt Missbrauch? Wann beginnt spiritueller Missbrauch? Bei der Frage:

Wann beginnt sexueller Missbrauch? scheint die Beantwortung klarer und leichter. Es gibt Grenzen und es gibt Kriterien. Sie haben in Ihrem Buch versucht, eine Kriteriologie zu entwickeln – ich fand das sehr gut dargestellt – für das, was spiritueller Missbrauch ist, was dazu führt und wie Heilung gelingen kann. Nach der Bibel würde ich sagen: Gott schaut auf das Herz. Da gibt es die Worte Jesu: »Nicht das, was in den Menschen reinkommt, macht ihn unrein, sondern was aus seinem Herzen kommt.« Etwas, was uns immer bleiben wird, ist, dass es in unserem Herzen nicht nur das Lautere gibt. Im menschlichen Herzen gibt es, die Juden nennen es Jezer Ha-Ra und Jezer Ha-Tow, den bösen Trieb und den guten Trieb. Und ob eine Beziehung, ob ein Leben in einer Gemeinschaft gelingt, hängt von dieser Frage ab: Hast du ein »beschnittenes Herz«, wie das Alte Testament sagt? Was Jesus wirklich zornig gemacht hat, waren Heuchelei und Herzenshärte. Einmal fragt er am Sabbat in der Synagoge die Schriftgelehrten und Pharisäer: Ist es erlaubt, am Sabbat einen Menschen zu heilen? Ist es erlaubt, ein Leben zu retten? Sie antworten nicht. Und er schaut sie der Reihe nach an, zornig und traurig wegen ihrer Herzenshärte.

Wie soll es mit der Kirche weitergehen? Die Strukturfragen sind ganz wichtig. Aber Strukturen können zum Unheil oder zum Segen verwendet werden. In Ihrem Buch bohren Sie nach: Wo gibt es im Kirchenrecht Bestimmungen, die die Selbstbestimmung des Menschen fördern, also den Raum der Freiheit schützen? Da haben Sie eine ganze Menge gefunden. Ich wusste nicht, dass es so viele gibt. Und dann sagen Sie: Aber es gibt auch im Kirchenrecht Unausgewogenheiten. Also: Was fördert, was macht herzenshart und was macht herzensoffen? Das ist natürlich sehr allgemein gesagt, aber das sind entscheidende Fragen.

Kirchliche Logik zwischen Autorität und Selbstbestimmung

Doris Wagner: Eine der Erkenntnisse meines Buches ist, dass es in der Kirche zwei inkompatible Logiken gibt, nicht nur im Kirchenrecht, sondern überall. Es gibt diese autoritären Elemente, die wirklich für eine Nichtaugenhöhe, für eine Unterordnung sorgen und daran schuld sind, dass man – hart ausgedrückt – im Zweifelsfall lieber über Leichen geht, als die Autorität zu gefährden. Das ist das, was wir im Umgang mit Missbrauch in den letzten Jahrzehnten sehen. Dann gibt es eben genau die andere Seite, die das Gewissen anspricht, die den Einzelnen stark macht, mein liebster Bibelvers dazu lautet: »Der Sabbat ist für den Menschen da und nicht der Mensch für den Sabbat.« (Mk 2,27) Das muss auch für die Kirche gelten und das gilt ja an vielen Orten auch: Die Kirche ist für die Menschen da und nicht die Menschen für die Kirche. Und ich glaube, es gibt nur eine Zukunft für die Kirche, wenn die Kirche sich auf allen Ebenen, also rechtlich, institutionell und strukturell, auf diese Logik verpflichtet und sagt: Das ist das, was wir wollen. Und dort, wo die autoritäre Logik, die Logik der Unterordnung, die Logik des »Im-Zweifelsfall-über-Leichen-Gehens«, noch lebt in der Kirche, legen wir sie ab. Dazu muss die Kirche sich entscheiden, wenn sie eine Zukunft haben soll! Sie muss den Normen, die diese Logik stark machen, den Handlungsweisen, die daraus erwachsen, denen muss Kirche abschwören und sich wirklich auf die Seite des Menschen stellen und sich für das Prinzip Selbstbestimmung entscheiden, auf allen Ebenen.

Ich stimme mit Ihnen überein: Es braucht irgendeine Form von Ordnung. Doch man muss sehen, welche Ordnung man schafft und aus welchen Quellen die sich speist. Man muss beachten, wer gehört wird bei der Schaffung einer Ordnung. Und ja, leider, es wird wohl immer Menschen geben, die außen vor bleiben. Es wird immer Menschen geben, denen man sagen muss: »Du kannst nicht Religionslehrer sein, du stehst außerhalb der kirchlichen Lehre.« Aber wenn wir wenigstens so weit kommen, dass eine Logik der Selbstbestimmung in der Kirche praktiziert wird, dann wäre bereits viel erreicht. Es darf nicht sein, dass Ordensschwestern sagen: »Ich würde ja gerne die Gemeinschaft verlassen, aber ich kann nicht.« Wenn Kirche auf der Seite des Einzelnen steht und die Logik der Selbstbestimmung vorherrscht, dann müsste man sagen können: »Ja, wenn du gehen willst, wir unterstützen dich auch dabei, dass du gehen kannst.« Das betrifft, wie Sie das vorher angesprochen haben, auch Priester, die das Amt aufgeben mussten, obwohl sie es eigentlich nicht wollten, die lieber zu der Frau standen, die sie lieben gelernt haben, die in diesem Entscheidungsprozess noch gedemütigt worden sind, verletzt, die existenziell in Not geraten sind, weil sie keinen Job gefunden haben. Wenn Kirche sich so ändern könnte, dass man Menschen in diesen Momenten wenigstens sagt: Okay, unsere Ordnung ist zwar so, dass du nicht in diesem Amt bleiben kannst, aber wir tun alles dafür, dass du trotzdem einen guten Weg gehen kannst – in der Kirche –, und wir betrachten dich jetzt nicht als Feind und nicht als Verräter und nicht als Schwächling, das wäre gut. Das braucht einen Kulturwandel – aber wann, wenn nicht jetzt, ist der Moment dafür, so einen Kulturwandel entschieden anzugehen?

Kreuzesnachfolge oder Selbstbestimmung: ein Gegensatz?

Christoph Schönborn: Beim Thema Selbstbestimmung, das mich bei der Lektüre Ihres Buches sehr bewegt hat, beschäftigt mich eine Frage. Es gibt die Worte Jesu: »Wer nicht sich selbst verleugnet, sein Kreuz auf sich nimmt und mir nachfolgt, kann nicht mein Jünger sein.« Und: »Wer sich selbst erniedrigt, wird erhöht.« Selbstverleugnung, Selbsterniedrigung, Kreuz tragen – das prägt die christliche Literatur. Und wir sehen das Kreuz in jeder Kirche. Wie können wir einen Weg finden, Selbstbestimmung und die Kenosis, die »Selbsterniedrigung Gottes«, zu vereinen? Das ist gerade in der Missbrauchsthematik eine entscheidende Frage, die in unseren alten Ordensgemeinschaften, speziell auch in neuen Gemeinschaften, heikel ist. Die alten Ordensgemeinschaften haben damit ihre Erfahrungen über Jahrhunderte und sind manchmal ziemlich dekadent, aber auch sehr menschlich, während in den neuen Gemeinschaften oft ein riesiger Eifer besteht, aber wie Ihre Geschichte zeigt, ein Eifer der auch …

Doris Wagner: … missbraucht werden kann. Oder der manchmal auch erzeugt wird in der Absicht, Menschen zu missbrauchen.

Ich glaube, ehrlich gesagt, dass das gar nicht so schwer ist. Kreuzesnachfolge oder dieses Bereitsein, auch etwas auszuhalten und sich selbst nicht an die erste Stelle zu setzen, kann man ja so oder so verstehen. Man kann das so verstehen, wie das in meinem Leben mit mir gemacht worden ist. Man kann das als Argument benutzen, um einen Menschen auszubeuten, ihm immer noch etwas aufzuladen, ihn immer noch einmal runterzudrücken und ihm einzutrichtern: »Ja, Kreuzesnachfolge gehört dazu. Wenn du das nicht kannst, bist du irgendwie schwach oder nicht wirklich berufen oder brennst nicht wirklich für den Glauben.« So kann man das benutzen. Wenn man dagegen Selbstbestimmung als Grundprinzip betrachtet, dann formuliert man das möglicherweise so: Auch einmal etwas aushalten können, aber nicht bis zu dem Punkt, dass ich mich aufgebe, sondern einfach dort, wo es das menschliche Zusammenleben erfordert, auch aus Liebe zu den anderen etwas zu ertragen. Ich erleben das übrigens jeden Tag, einfach dadurch, dass ich Mutter bin! Wenn mein Sohn mich braucht, geht mein Sohn im Zweifelsfall vor. Jetzt wird er langsam älter, lernt, dass die Mama auch mal eine Pause braucht. Doch grundsätzlich ist es so, dass da jetzt ein kleiner Mensch ist, der ein Recht auf mich hat, auch wenn es einmal eigentlich schon zu viel ist und ich sehr müde bin. Dann halte ich auch einmal etwas aus und setze mich nicht an die erste Stelle, sondern bin für ihn da. Sich aus Liebe zum anderen selbst zurücknehmen zu können, ist wichtig nicht nur für Eltern, sondern auch in jeder guten Partnerschaft und in jedem Beruf. Nur darf niemand dieses Ideal der Selbstverleugnung benutzen, um mich zu zerstören oder mir Leid zuzufügen. Deshalb habe ich auch meine Schwierigkeiten mit der berühmten Bibelstelle: »Wenn dich einer auf die linke Wange schlägt, dann halt ihm auch die andere hin« (Mt 5,39) Aus der Situation heraus kann es manchmal Sinn ergeben, moralische Größe zu zeigen, und das lieber hinzunehmen, als sich zu wehren. Aber niemand hat das Recht, einen anderen zu schlagen und zu erwarten: »Jetzt will ich auch die andere Wange.« Das ist der Unterschied. Das ist nur auf den ersten Blick eine subtile Unterscheidung, die Konsequenz ist nämlich essenziell: Auch Kreuzesnachfolge muss selbstbestimmt erfolgen. Kreuzesnachfolge und Selbstbestimmung sind kein Widerspruch.

Christoph Schönborn: Das finde ich sehr beeindruckend. Die Basis für eine gesunde Spiritualität ist jedoch, würde ich sagen, nicht die Selbstbestimmung, sondern der Selbststand. Eine gute Erziehung von Kindern geht ja dahin, ihnen Selbststand zu ermöglichen, ihnen zu ermöglichen, ein Rückgrat zu haben, Ja sagen zu können und Nein sagen zu können. Es geht um ein Unterscheiden-Können und damit um das, was in der großen spirituellen Tradition des Christentums reifes Menschsein, reifes Christsein bedeutet.

Eine Kreuzesnachfolge, die geprägt ist von dem Minderwertigkeitsgefühl, das einem der Missbrauch aufgezwungen hat, kann keine echte Nachfolge Jesu sein. Wenn Jesus fordert, ihr sollt einander die Füße waschen, dann bedeutet das, ihr müsst einander dienen. Aber wie soll man das Wort »Selbsterniedrigung« richtig auffassen, wenn man ständig niedergemacht worden ist? Oder, was mich besonders erschüttert, wenn man die ganze Dynamik des Schweigens erlebt hat: dieses »Wehe, wenn du redest«, das speziell bei Priestern religiös besetzt ist und das impliziert: »Wenn du redest, dann wirst du von Gott verurteilt, dann wirst du von Gott bestraft, dann kommst du in die Hölle«, nur um das eigene Verbrechen zu verstecken. Menschen, die solche Erfahrungen gemacht haben und die dann das Wort »Selbsterniedrigung« hören, so wie es in der Bibel steht, können das kaum richtig verstehen, und sie werden noch einmal verletzt von solch einem Wort.

Doris Wagner: Vor allem sind diese Menschen auch nicht die, für die Selbsterniedrigung das erste Programm ist. Die müssen erst einmal ganz etwas anderes hören.

Christoph Schönborn: Als erstes, dass sie wertgeschätzt sind, dass sie wertvoll sind.

Doris Wagner: Deshalb lebe ich heute noch. Weil ich die Erfahrung gemacht habe, dass ich geliebt werde, dass mein Mann da war und ist. Dass ganz konkret ein Mensch mich geliebt hat und liebt. Das ist die Botschaft, die Betroffene brauchen und die übrigens auch die Kirche als Institution Betroffenen geben könnte: »Ihr gehört zur Kirche, ihr seid die

Kirche, und ihr habt hier ein Zuhause. Sagt uns, was ihr braucht, wir geben euch das.« Deswegen sind übrigens auch Entschädigungszahlungen wirklich wichtig, weil sie auch Opfern das Gefühl geben, dass sie jemand sind, dass sie wertgeschätzt werden und dass man sich um sie kümmert und wissen will, was sie brauchen. Das ist eine ganz wichtige Botschaft.

Ich möchte noch einen anderen Punkt ansprechen: Mich hat vor Kurzem eine Dame gefragt, welche Musik ich assoziiere mit Missbrauch und mit Befreiung. Ich hatte darüber noch nie nachgedacht. Meine Antwort hat die Dame dann jedenfalls sehr überrascht, weil sie erwartet hatte, dass ich mit Missbrauch bedrohliche Orgeltöne oder was auch immer assoziieren würde. Doch ich assoziiere mit Missbrauch sehr begeisternde und emotionale Musik, die sehr manipulativ eingesetzt werden kann, und vor allem auch Texte in Liedern, die suggerieren, Selbstaufgabe sei toll. Diese Musik, in der der Einzelne nicht mehr vorkommt, durch die alles vereinnahmt und das Leben ausgeklammert wird, die übertrieben emotional ist – die assoziiere ich mit Missbrauch. Für mich – und ich glaube, das gilt für viele Opfer – hat Befreiung eigentlich begonnen mit Trauer. Das erste Mal dieses Gefühl zulassen: Ich leide und es ist richtig dunkel in meinem Leben. Und es gibt Musik, es gibt kirchliche Musik oder religiöse Musik oder auch eben Texte in der Bibel, Psalmen, die das transportieren, dass man sich verlassen fühlt, dass man sich zerstört fühlt und dass man schreit nach Gott, dass man ihn anklagt, dass man einen Hass hat auf diesen Gott, der einem das zugemutet hat. Das ist für viele Betroffene der Anfang von Befreiung, und es ist erschütternd, wenn das dann von Menschen in der Kirche wahrgenommen wird als Angriff. Denn das ist es nicht. Diese Wut der Opfer darf nicht als Angriff wahrgenommen werden, sondern als der erste Schritt wiederzuerkennen, dass man einen Selbstwert hat und dass dieser verletzt worden ist, und dass diese Wut darüber einen Platz finden muss. Es ist der Anfang der Befreiung, erst einmal anerkennen zu dürfen, welche Gefühle da sind. Erst wenn man diesen Schritt gegangen ist, kann man weitere Schritte setzen. Das müssen Verantwortungsträger in der Kirche verstehen. Sie müssen verstehen, dass Befreiung mit Trauer beginnen kann, und dass Opfer gleichzeitig von dieser Kirche auch geliebt sein wollen, einen Platz haben wollen in dieser Kirche. Ich will noch einmal betonen, dass das, was Opfer hören müssen, ist: »Was braucht ihr von uns?« Und: »Ihr bedeutet uns etwas, wir wollen euch geben, was ihr von uns braucht.«

Christoph Schönborn: Die Wut muss Platz haben, das ist mir auch bewusst geworden.

Doris Wagner: Und das ist kein Angriff.

Christoph Schönborn: Nein, das ist es nicht. Das ist ein ganz, ganz wichtiger Schritt.

Hoffnung auf Veränderung?

Doris Wagner: Haben Sie denn Hoffnung, dass sich etwas verändert in Kirche, dass man zu einer anderen Logik, der Logik der Selbstbestimmung findet?

Christoph Schönborn: Ich pflege zu sagen, dieser Spruch »Die Hoffnung stirbt zuletzt« ist grundfalsch. Denn die Hoffnung stirbt nicht, das ist ihr Wesen. Und ich habe wirklich Hoffnung. Ihr Buch über den spirituellen Missbrauch hat mir viel Hoffnung gegeben, weil – ja – weil es zur Sprache kommt. Denn was nicht zur Sprache kommt, kann nicht wirken. Dieses Verborgen-halten-Müssen habe ich in der Begleitung von Betroffenen erlebt. Es ist ein unglaublich schmerzhafter Prozess, wenn eine Erinnerung nach der anderen hochkommt und noch einmal, zum Teil noch schlimmer durchlebt wird als es damals war, weil die Macht der Bilder und der Erinnerungen einfach so stark ist. Darum ist es unerlässlich, dass die

Erfahrungen ins Wort gebracht werden. Erst dann können sie abgegeben werden. Ich mache immer wieder die Erfahrung, dass das heilende Licht – das Licht Christi – in dieses Dunkel nur kommen kann, wenn es ausgesprochen ist. Ich habe vor vielen Jahren eine Ordensfrau, die zwei Suizidversuche hinter sich hatte, begleitet und ich habe mich immer gefragt: Warum diese Autoaggression? Bis eines Tages ganz plötzlich herauskam, dass sie jahrelang von ihrem Vater sexuell missbraucht worden war, aber das war unter einer Betondecke, das konnte nicht heraus. Und erst nachdem das herausgekommen war, konnte ein Prozess beginnen, der sogar mit einer Vergebungsbitte des Vaters geendet hat. Warum, könnte man fragen, hat sie nicht früher geredet? Es war gar nicht möglich. Doch in der Kirche sollte es möglich sein, dass Betroffene reden können, es muss Orte dafür geben. Und insofern habe ich Hoffnung, weil ich glaube, dass durch all dieses schreckliche Leid und das viele Unrecht, das geschehen ist, und das viele Unverständnis ein Heilungsprozess beginnen kann, der hoffentlich auch die Kirche wirklich erneuert.

Doris Wagner: Ich habe leider auch ganz düstere Szenarien im Kopf, die ich für möglich halte. Ich habe ganz große Angst davor, dass die Kirche sich immer noch mehr zu einer großen Sekte entwickelt, in der nur noch einige machtbesessene, ideologisch verbohrte Leute andere naive oder von ihnen abhängige Menschen ausbeuten und unterdrücken. Meine Angst ist, dass alle Menschen, die eine Heimat suchen, die eine spirituelle Heimat suchen, die Kirche verlassen und diese Heimat woanders nicht wirklich finden. Davor habe ich wirkliche Angst. Andererseits denke ich mir: Ich kann die Kirche nicht retten, kein Mensch kann das alleine tun. Wenn es Hoffnung gibt, dann deswegen, weil es immer noch genug Menschen gibt – und man kann es theologisch so sehen und sagen, dass der Heilige Geist Menschen so zusammenführt – die Hoffnung haben und die Kraft haben, sich eine andere Kirche vorzustellen und diese andere Kirche gemeinsam ins Leben zu bringen. Es gibt noch genug Menschen, die wieder ins Leben bringen wollen, was in der Kirche da ist und gut ist, Menschen, die die menschenverachtenden und damit auch die unheiligen und bösen Elemente, die es in der Kirche gibt, hinter sich lassen wollen.

Ich denke mir: Wenn es Gott gibt, ist das nicht unmöglich, und dann werden wir sehen. Ich fühle mich in dieser Situation wie eine Beobachterin, denn ich kann das nicht machen, ich kann nur das, was ich erlebt habe, und das, was ich für möglich halte, aussprechen und mich mit den Menschen verbünden, die diese Möglichkeiten ebenfalls sehen. Aber ob das dann geschieht, ob es nicht am Ende doch nur eine menschliche Organisation ist, in der einige wenige Menschen, die sich unglaublich wichtig nehmen, ihre eigene Macht absichern gegen alle vernünftigen Überlegungen von anderen – ich weiß es nicht, ich weiß nicht, wie die Geschichte ausgeht, aber wir werden es sehen.

Christoph Schönborn: Und hoffen dürfen wir.

Doris Wagner: Wir dürfen hoffen. Für mich ist die Institution nicht das Wichtige, sondern meine tragende Hoffnung ist wirklich, dass die Menschen, die in der Kirche gelitten haben, ein gutes Leben finden können. Dazu kann ich etwas beitragen. Dazu kann jeder von uns etwas beitragen.

Christoph Schönborn: Danke dafür.

Editorischer Hinweis

Doris Wagner erstattete zweimal Anzeige wegen Vergewaltigung. Das erste Verfahren wurde im Juli 2012 in Deutschland eingestellt, das zweite im Mai 2014 in Österreich. Der Hauptbeschuldigte ist seit 2012 nicht mehr im Vatikan tätig, aber weiterhin Priester und Mitglied derselben Gemeinschaft. Wegen des kirchenrechtlichen Straftatbestandes der sollicitatio ermittelte in einem anderen Fall bereits 2014 die Glaubenskongregation. Dieses Verfahren endete mit einer Ermahnung des betreffenden Priesters. Nachdem er Anfang 2019 von seiner Tätigkeit an der Glaubenskongregation zurückgetreten war, ermittelte im Jahr 2019 in demselben Fall die Apostolische Signatur, das höchste kirchliche Gericht. Dieses Verfahren, in dem weder Doris Wagner noch von ihr benannte Zeugen persönlich angehört wurden, endete mit einem Freispruch. Beide Priester ebenso wie die Gemeinschaft, der Doris Wagner angehörte, finden sich und ihre Handlungen in Aussagen von Doris Wagner, ihrem heutiger Mann und anderer Zeugen falsch dargestellt. Vor dem Landgericht Hamburg konnten sie 2019 einstweilige Verfügungen gegen Medien erwirken, die in der Sache berichtet haben.

Autoren-Biografien

Doris Reisinger (geb. Wagner), geb. 1983, trat nach dem Abitur 2003 in eine neue geistliche Gemeinschaft ein, der sie bis 2011 angehörte. Sie studierte in Rom, Freiburg i. Br. und Erfurt Philosophie und kath. Theologie und promovierte in Münster in Analytischer Philosophie. In Fachartikeln, Vorträgen, Interviews und Dokumentarfilmen befasst sie sich vor allem mit den Themenfeldern »Gewalt gegen Frauen in der Kirche« und »geistlicher Missbrauch«. 2014 erschien ihr viel beachtetes Buch »Nicht mehr ich. Die wahre Geschichte einer jungen Ordensfrau« und 2019 der Bestseller »Spiritueller Missbrauch in der katholischen Kirche«.

Christoph Kardinal Schönborn, geb. 1945, ist Mitglied des Dominikanerordens und seit 1995 Erzbischof von Wien. Er war Sekretär der Redaktions-Kommission für den Katechismus der Katholischen Kirche und ist Mitglied der Kongregationen für die

Glaubenslehre, für die Orientalischen Kirchen und für das Katholische Bildungswesen. Seit 1998 ist er Vorsitzender der Österreichischen Bischofskonferenz. Schönborn nahm an den Bischofssynoden 2014 & 2015 teil. 2015 war er Moderator der deutschen Sprachgruppe.

Stefan Meining ist seit 1996 Redakteur des BR in der Redaktion report München. Der Journalist und promovierte Historiker setzt sich seit Jahren journalistisch immer wieder auch mit der Rolle von Religion und Glauben in Deutschland auseinander. Sein Buch »Geheimakte Asyl: Wie die Politik in der Flüchtlingsfrage Deutschlands Sicherheit gefährdet« war ein SPIEGEL-Bestseller.